JN094166

不動産鑑定士が教える！

相続税土地評価に生かす
不動産調査と
CAD作図術

株式会社 東京アプレイザル
不動産鑑定士 永井 宏治

清文社

はじめに

　相続税申告に関する不動産の評価は、相続財産の中でも不動産が占める割合が大きいことから、とても重要なものとなっています。

　筆者は、これまでの不動産鑑定の経験から、相続税申告に関する不動産、特に土地評価に関する重要性を多く感じてきました。財産評価における不動産の評価は最初に評価対象を確定する、という意味で当該不動産の調査を的確に行うことがとても重要になります。

　一方、不動産の調査は実務的な内容となるため、学習する機会は決して多くありません。役所調査をとってみても、都市計画課で用途地域等を確認する、道路管理課等で道路図面を取得する、そのようなことのみで完結するものではありません。

　現地を確認した上で、役所及び法務局で必要な資料を収集し、評価単位を確定する。現地を見たときに減価要因を見落とさずに評価に反映させる。このようなことが必要であると筆者は考えます。

　本書では上記の問題意識から、不動産調査やCAD作図の手法を3部に分けて解説しています。

　第1部は、基本となる不動産の調査について、事前調査、役所調査、現地調査のポイントを述べています。

　第2部は、CADを用いた作図ポイントをまとめました。CADによる作図を行うことによって、土地をより正確に把握することができ、また評価明細書に添付することによって説得力を持つ効果があります。CAD作図に関するフリーソフトの紹介もし、筆者がCADソフトの講師を務めていた経験に基づいてわかりやすい解説に努めています。

　第3部は、財産評価基本通達における近年の大きな改正点である「地積規模の大きな宅地」と「土砂災害特別警戒区域」について、制度趣旨から注意点、鑑定評価との関連性について述べています。

　本書はあくまで「不動産鑑定士の目から見た土地評価」という観点で執筆を行っているため、路線価図等の説明や財産評価の基礎的な知識については「地積規模の大きな宅地」や「土砂災害特別警戒区域」などの改正点等を除き、省略しています。また、筆者がこれまで培ってきたCADによる作図について多く執筆しました。CADに関しては一般的な作図だけではなく、座標の復元などについても触れました。そのため、一般的な税務上の土地評価に関する書籍の構成とは異なっていますが、それが本書の特徴でもあります。

　筆者は相続税申告に関する不動産鑑定や講師の仕事を行う中で、税理士の皆様と多くお話をさせていただく機会がありました。その中で、税務上の路線価評価と鑑定評価での考え方の違い、日常的な調査方法等でギャップを感じることもありました。本書により、そのギャップを少しでも埋め、税理士の皆様のお役に立ちたいと考えています。また、CADソフトについて

も、より多くの方々にご活用していただきたいと願っています。そのような動機から本書の執筆をいたしました。

　本書が少しでも読者の方々の「適切な不動産の評価」のために、お役に立つことを願ってやみません。

　最後に、筆者に執筆の機会をいただきました勤務先である株式会社東京アプレイザルに心より感謝申し上げます。

2022年12月

不動産鑑定士　永井　宏治

目次

第1部 押さえておきたい不動産調査のポイント

第2部 土地をより正確に把握するためのCADソフト活用術

第3部 財産評価基本通達の重要改正点と 鑑定評価からのアプローチ

Ⅰ 地積規模の大きな宅地 ———————— 199

＊本書の内容は、2022年12月1日現在の法令等に基づいています。

第1部

押さえておきたい
不動産調査のポイント

Ⅰ 不動産調査の基礎

1 不動産調査の必要性

　不動産調査を適切に行うことは財産評価をする上で、とても重要なことになります。財産評価は、きちんとした評価単位（利用区分）で分けることも含めて、正しい評価を行うためには適切な調査を行うことが前提となります。

　第1部では、事前にどこまで調査をするべきか、役所等でどこまで資料を収集し、調査をすべきか、現地でどのような所を確認すべきかを確認します。

2 不動産調査の流れ

　不動産調査の流れは、基本的に事前調査、現地調査、役所調査の順序になります。役所調査は、現地調査の前に行い、必要な資料を収集するケースもあります。

　現地調査の後、気になる点があった場合は、再度確認のために役所調査を行うこともあります。この辺りは前後することもあります。

　また、本書では法務局の調査を事前調査の中に含めていますが　直接、法務局に行き、登記簿や公図を取得しても構いませんが、インターネットで「登記情報提供サービス」から登記簿や公図等を取得してもよいでしょう。

Ⅱ 事前調査（机上の段階での調査、法務局での資料収集）

1 対象不動産の確認（物的確認・権利の態様の確認）

　まず、住宅地図・公図・登記簿謄本・固定資産税課税明細等（貸宅地の場合には土地賃貸借契約書等）を取得し、対象地がどこにあるのか、評価単位（利用区分）をどのように分けるのかを確定させることが重要です。

　また、評価単位は取得者別、地目別、権利別によって分かれるため、詳しく調査する必要があります。具体例としては、賃貸マンションの敷地で、駐車場を賃貸マンションの居住者のみが使用しているのか、外部の人にも貸しているのかで一体評価とするか、分けて評価をするかが変わってきます。

2 固定資産税課税明細

　依頼者から入手する資料として、固定資産税の課税明細書があります。この課税明細書には登記簿の面積・地目と課税上の面積・地目が記載されており、同じ筆であっても登記簿と課税上では面積・地目が異なることがあります。

1 課税地目

　セットバックを要する土地（前面道路が建築基準法第42条2項道路に面する）では、課税地目が宅地と公衆用道路に分かれていることがあります。この場合、公衆用道路とされている部分についてはセットバックされている部分になりますが、筆単位では分かれてはいないため、宅地部分と公衆用道路部分の根拠となる図面を取得する必要があります。

　ただし、税務上の評価単位（利用区分）は、必ずしも課税明細地目ごとではなく、あくまで現況で判断すべき点に注意が必要です。

課税地目が分かれた
課税明細書 →

登記地目	登記地積 m²
現況地目	現況地積 m²
非課税地目	非課税地積 m²
宅地	150.00
宅地	115.00
公衆道路等	35.00

2 固定資産税課・都税事務所から根拠となる図面を取得する

　上記のように、１つの筆で課税地目が分かれている場合は、固定資産税課や都税事務所にその根拠となる図面が備え付けられていることがあります（備え付けられていないケースもあります）。この図面を取得することで、宅地部分の形状が判明し、財産評価に活用できることとなります。それでは、これらの図面はどのように取得すればよいでしょうか。法務局の図面ではないため、基本的に所有者本人か委任状を持っている代理人でなければ取得できません。さらに、相続財産の場合、固定資産税課税明細は本人宛に届くため、根拠図面を取得する際は、被相続人との血縁関係を示す戸籍謄本（原本）も必要になります。

　まとめますと、単独で固定資産税課や都税事務所に行き、上記図面を取得する場合は次の２つが必要になります。

・相続人からの委任状
・相続人が被相続人との血縁関係を示す戸籍謄本

　前ページの課税明細書の土地は、下図のとおりですが筆３番２が一部位置指定道路に供されているものの、分筆はされていませんでした。登記簿の地目は１つですが、課税明細の地目を見ると宅地と公衆用道路に地目が分かれています。固定資産税課（都税事務所）では申請によりこれらの地目を分けているため、基本的に根拠となる図面があります。

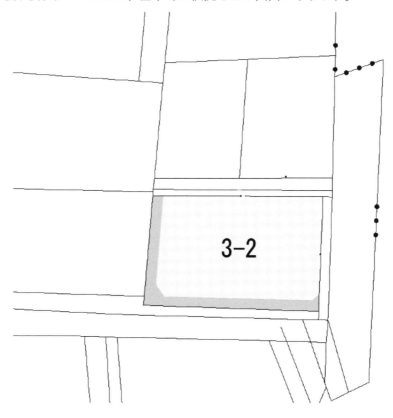

本件では上記の書類を準備し、図面の申請をしたところ、下に掲げる測量図を入手し、宅地として評価すべき部分の形状と面積を把握することができました。

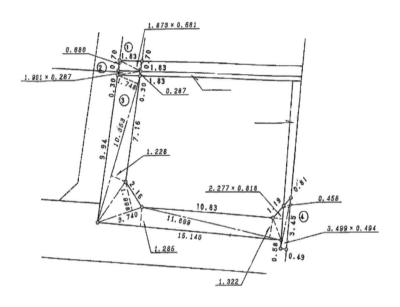

地　積　測　量　図　　S=1/200

3　法務局での資料収集

　法務局では登記簿謄本（全部事項証明書）、公図、地積測量図、建物図面、閉鎖登記簿等の資料を取得できます。直接法務局に行き取得することもありますが、郵送で用紙に必要事項を記入して請求(収入印紙と返信用封筒も同封)することや、インターネットの登記情報提供サービスで取得することもできます。現地調査の前には、これらの資料を事前に入手することが必要です。

不動産用	登記事項証明書 登記簿謄本・抄本 交付申請書

※ 太枠の中に記載してください

	住　所　東京都千代田区霞が関1－1－1	収入印紙欄
	フリガナ　ホウム　タロウ 氏　名　法務　太郎	

※地番・家屋番号は，住居表示番号（〇番〇号）とはちがいますので，注意してください。

種　別 （レ印をつける）	郡・市・区　　町・村	丁目・大字・地 字	番	家屋番号 又は所有者	請求 通数	収　入 印　紙
1 ☑土地 2 □建物	千代田区　　霞ヶ関	一丁目	1番1		1	収　入 印　紙
3 □土地 4 □建物						
5 □土地 6 □建物						
7 □土地 8 □建物						
□財団　（□目録付） 9 □船舶 □その他						

※共同担保目録が必要なときは，以下にも記載してください。
次の共同担保目録を「種別」欄の番号＿＿＿＿＿番の物件に付ける。
　□現に効力を有するもの　□全部（抹消を含む）□ （＿）第＿＿＿号

※該当事項の□にレ印をつけ，所要事項を記載してください。

☑　登記事項証明書・謄本（土地・建物）
　　専有部分の登記事項証明書・抄本（マンション名＿＿＿＿＿＿＿＿＿＿）
　　□ただし，現に効力を有する部分のみ（抹消された抵当権などを省略）

□　一部事項証明書・抄本（次の項目も記載してください。）
　　共有者＿＿＿＿＿＿＿＿＿＿＿＿＿＿に関する部分

□　所有者事項証明書（所有者・共有者の住所・氏名・持分のみ）
　　□ 所有者　　　□ 共有者＿＿＿＿＿＿＿＿＿＿

□　コンピュータ化に伴う閉鎖登記簿
□　合筆，滅失などによる閉鎖登記簿・記録（昭和／平成＿＿年＿＿月＿＿日閉鎖）

交 付 通 数	交 付 枚 数	手　数　料	受 付 ・ 交 付 年 月 日

収入印紙は割印をしないでここに貼ってください。
（登記印紙も使用可能）

（乙号・1）

地図・各種図面用　地 図 の 証明書 申請書
地積測量図等 閲 覧

※ 太枠の中に記載してくださ

窓口に来られた人 （申請人）	住　所　東京都千代田区霞が関１－１－１ フリガナ　ホウム　　タロウ 氏　名　法　務　太　郎	収入印紙欄 収入印紙 収入印紙

※地番・家屋番号は、住居表示番号（〇番〇号）とはちがいますので，注意してください。

種　別 （レ印をつける）	郡・市・区	町・村	丁目・大字・字	地　番	家屋番号	請求通数
1 ☑土地 2 □建物	千代田区	霞ヶ関	一丁目	1番1	1番	各1 1
3 □土地 4 □建物						
5 □土地 6 □建物						
7 □土地 8 □建物						
9 □土地 10□建物						

（収入印紙は割印をしないでここに貼ってください。）
（登記印紙も使用可能）

（どちらかにレ印をつけてください。）
□ 証明書　　　☑ 閲　覧

※該当事項の□にレ印をつけ，所要事項を記載してください。

☑ 地図・地図に準ずる図面（公図）（地図番号：＿＿＿＿＿＿＿）

☑ 地積測量図・土地所在図
　☑ 最新のもの　□昭和平成＿＿年＿＿月＿＿日登記したもの

☑ 建物図面・各階平面図
　□ 最新のもの　☑昭和平成16 年6 月11 日登記したもの
□ その他の図面（　　　　　　　　　　　　　　　　　）

□ 閉鎖した地図・地図に準ずる図面（公図）

□ 閉鎖した地積測量図・土地所在図（昭和平成＿＿＿＿年＿＿月＿＿日閉鎖）

□ 閉鎖した建物図面・各階平面図（昭和平成＿＿＿＿年＿＿月＿＿日閉鎖）

交 付 通 数	交 付 枚 数	手　数　料	受 付・交 付 年 月 日

（乙号・4）

1 登記簿謄本

登記簿謄本には所有者事項、地目、面積等が記されています。また、閉鎖登記簿は、コンピュータ化される以前の情報や合筆や滅失により、現在は存在しない登記簿の情報が得られることから（例えば、評価単位の判定の際、前回の相続で不合理分割が行われていなかったか、市街化調整区域の宅地性の判断で以前から地目が宅地であったか等）、必要に応じて入手する必要があります。

また、別途「土地台帳」について、こちらも写しを法務局で取得することができます。土地台帳は明治から昭和にかけて作成されていたもので、閉鎖登記簿よりも過去の情報に遡ることができる場合があり、無料で写しを取得できます（前ページの登記申請書の空欄部分に「土地台帳」と書き、受付で土地台帳の写しも欲しい旨を伝えると発行してもらえます）。

下記のケースでいえば、閉鎖登記簿は昭和47年の所有権保存から記載されていますが、土地台帳は昭和19年から記載されています。

■閉鎖登記簿

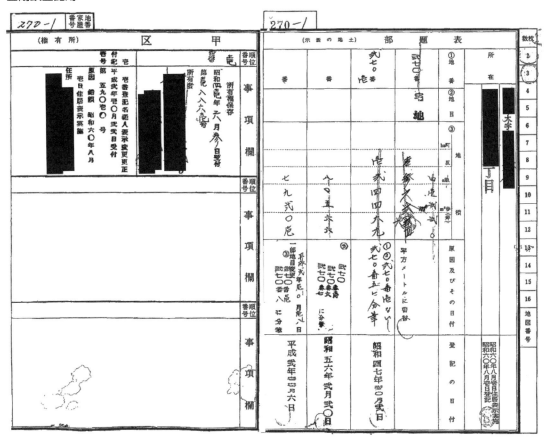

■土地台帳

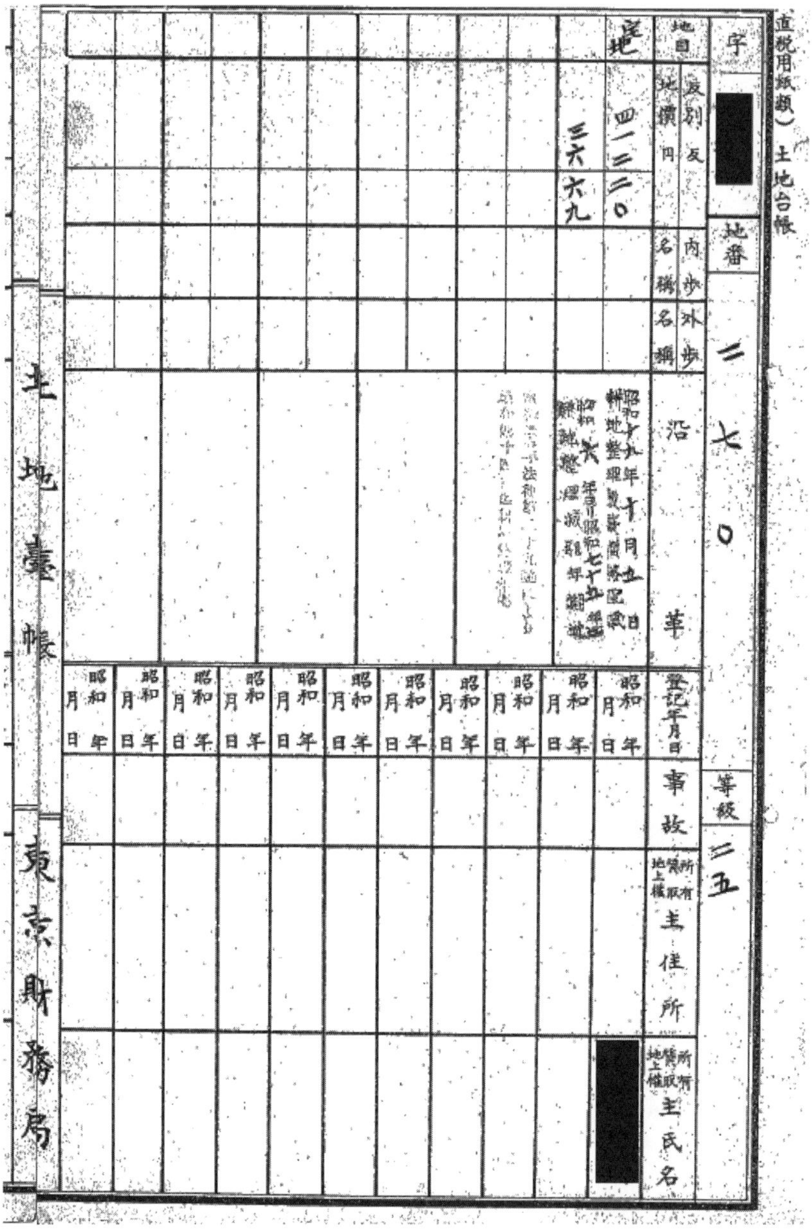

2 ブルーマップ

　ブルーマップとは、住宅地図上に地番が記されているものであり、住宅地図から地番を調べることができます。

3 公図

1 公図の種類

　法務局で取得する公図について、一括りに「公図」といっていますが、実は種類があります。取得した公図の右下に記載されている「種類」の欄を見るとと、いくつかに分かれています。多く見られるのが「旧土地台帳附属地図」です。これは土地台帳に附属していた地図であることから正確なものではなく、縮尺も１/600等になっていたり、「縮尺不明」と記載されているものもあります。一方、いわゆる法14条地図に該当するものは精度が高く、地籍測量図と変わらない精度のものもあります。

■精度の高い図面
　……地籍図、法務局作成地図、土地区画整理所在図、街区調査基本図

出力縮尺	1/250	精度区分	甲三	座標系番号又は記号	V	分類	地図（法第１４条第１項）	種類	地籍図

出力縮尺	1/500	精度区分	甲二	座標系番号又は記号	VII	分類	地図（法第１４条第１項）国調法１９-５指定	種類	土地区画整理所在図

出力縮尺	1/500	精度区分		座標系番号又は記号	IX	分類	地図に準ずる図面（街区成果B）	種類	街区基本調査成果図

■精度があまり高くない図面

　……旧土地台帳附属地図（ただし、図面により精度は異なる）

出 力 尺縮 尺	1/600	精 度区 分		座標系番号又は記号		分類	地図に準ずる図面	種類	旧土地台帳附属地図

出 力 尺縮 尺	縮尺不明	精 度区 分		座標系番号又は記号		分類	地図に準ずる図面	種類	旧土地台帳附属地図

2 公図混乱地区と地番図

　法務局で公図を取得してみると、実際の土地の形状と著しく異なっている地域があります。このような地域を「地図混乱地区」「公図混乱地区」などと呼びますが、このような地域の場合、公図を使った評価（想定整形地の作成等）は困難です。

　こうした場合には、「地番図」（地番参考図、地籍図という呼び方もあります）という地図が役に立ちます。関西地区（例：堺市、京都市、神戸市、川西市等）の一部は市のHPで閲覧することができますが、首都圏ではまだ公開していない市も多く（我孫子市や鴻巣市は公開しています）、市の固定資産税課や都税事務所などで有料で写しを取得します。

　また、自治体によっては地番をより範囲を広くした「修正編纂図」という図面を入手することができます（船橋市等）。地番図・修正編纂図については、後の役所調査の箇所で詳しく述べます。

　次図は、とある地域の住宅地図で、対象は市街地山林でした。法務局の公図を取得すると、旧土地台帳附属地図、縮尺不明、作成年月日も不明である精度が低い図面となっていました。地積測量図もなく、どの図面を根拠として財産評価をするかが問題となりました。建物も建っていないため、建物図面もありません。そこで、市役所の固定資産税課で地番図を取得し、住宅地図と照合し、概ね形状が一致することから、地番図を基に財産評価を行いました。

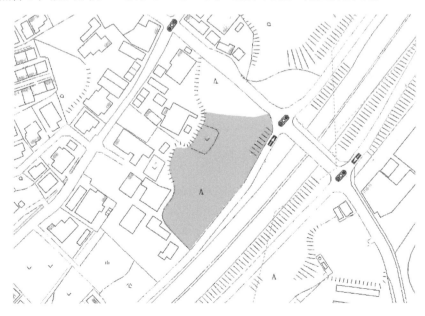

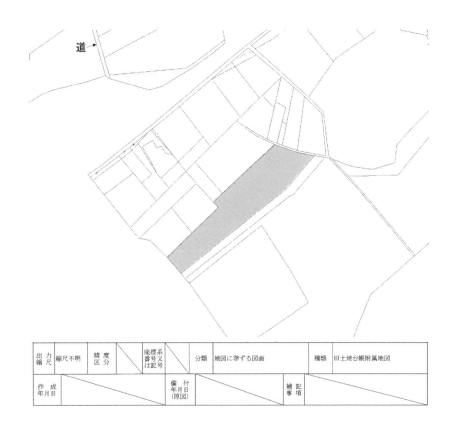

出 力 縮 尺	縮尺不明	精 度 区 分		座標系 番号又 は記号		分類	地図に準ずる図面		種類	旧土地台帳附属地図
作 成 年月日				備 付 年月日 (原図)				補 記 事 項		

■地番図

3 旧公図

　旧公図は古い時代に和紙で作成された公図で、古いものは明治時代に作成されたものもあります。法務局で申請をすることで、こちらも入手することができます。

4 接続不一致

接続不一致の公図は公図の精度が低いために、筆界が接続できていない状態にあるものです。

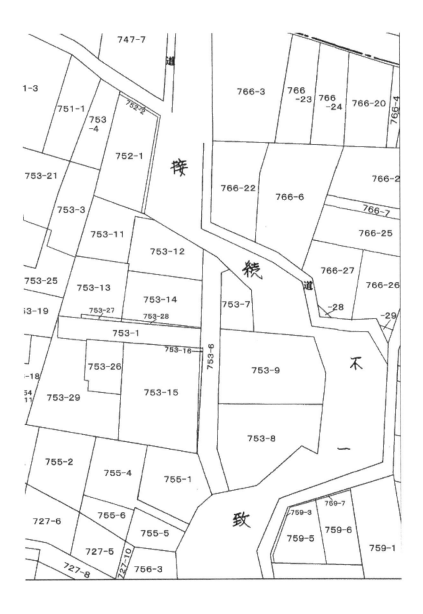

めがね地の公図

　下記のように筆が飛び地になっているようなケースでは公図上で眼鏡のような線で結ばれており、このような土地は「めがね地」と呼ばれています（153ページ「11　無地番の官有地における面積割合の計測」参照）。

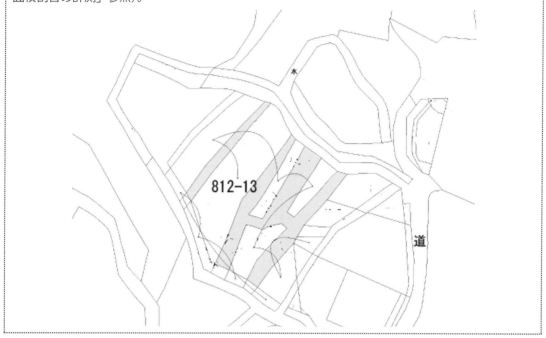

4 地積測量図

　地積測量図は登記簿や公図と同じく法務局で取得しますが、地番により備え付けられている場合と、備え付けられていない場合があります。備え付けられている図面であっても正確な図面とはいえない場合（下記の残地面積）もありますし、備え付けられていない場合（登記情報提供サービスで図面が出てこない）であっても、地籍調査を行っている場合など別途正確な図面を入手できる場合があります。

1 残地面積

　地積測量図でも正しい面積が表記されているとは限りません。平成17年までは「残地法」というやり方が認められていたため、残地面積として表記されている筆の面積は実測を行ったものではありません。地積測量図を見る際は「残地」という表記があるかをチェックすることが重要です。

2 残地面積が記載されている場合は縄伸びを疑う

　残地の面積はかなり精度が低い面積ですので、縄伸びの可能性を考えましょう。航空写真が

確認できる Google のサイト等から面積を計測し推定を行うか、残地面積が記載されている地積測量図を CAD ソフトで読み込み面積を推定することも検討すべきです（第2部で CAD を用いて詳しく検証します）。

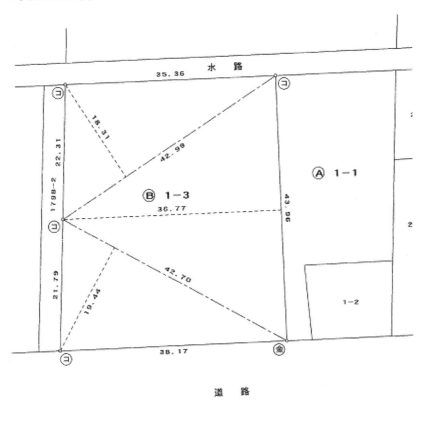

三 斜 求 積 表

地番 Ⓑ 1-3			
NO.	底　辺	高　さ	倍 面 積
1	42.70	19.44	830.0880
2	43.96	36.77	1616.4092
3	42.99	18.31	787.1469
		倍 面 積	3233.6441
		面　　積	1616.82205
		地　籍	1616.82 m²

残地番 Ⓐ 1-1			
公　簿	1996.6942	総　計	1616.82205
		残　地	379.87215
		地　積	379.87 m²

3 残地の面積が判明する場合もある？

　取得した地積測量図に残地の面積のみ表示されていた場合であっても、周辺の筆の測量がきちんと行われており、三斜ではなく座標値で表記されている場合があります。

　そして、周辺の筆の座標値から、対象不動産の座標値が判明する場合は、その座標値を CAD で読み込むことで正しい面積を計測することができます。

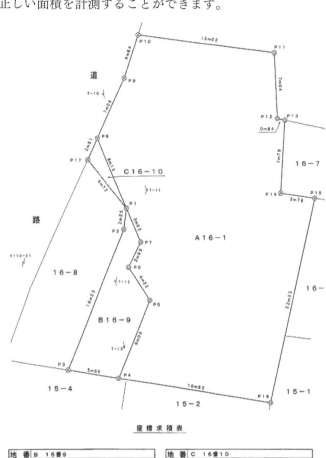

座標求積表

地番	B 16番9			
点名	X		Y	辺長
P1	345	1.986		2.255
P2	584	1.710		16.235
P3	601	-4.459		5.652
P4	486	1.123		9.000
P5	161	4.543		4.226
P6	640	2.206		2.998
P7	956	3.541		3.931
面積			71.1362710	
地積			71.13	㎡
坪数			21.519	坪

地番	C 16番10			
点名	X		Y	辺長
P8	879	-1.231		2.518
P17	162	-2.294		6.723
P1	346	1.986		6.131
面積			7.6409160	
地積			7.64	㎡
坪数			2.311	坪

残地求積表	
地番 A 16番1	
公簿	565.605205
総計	78.7771870
残地	486.8280180
地積	486.82 ㎡

座標リスト			
点名	X		Y
T-1（鋲）	-	120	13.369
T-2（鋲）	486		36.033
T-3（鋲）	710		28.820
T-5（鋲）	883		17.977
T-10（鋲）	163		-0.572
T-11（木杭）	407		4.215
T-12（木杭）	125		0.797
T-13（木杭）	137		1.702
4011-4	409		26.145
4011-5	318		1.772
4110-2	117		-9.360
4110-2	155		-19.748

座標リスト			
点名	X		Y
P9	-	456	1.759
P10	848		3.262
P11	793		18.158
P12	829		18.498
P13	997		19.321
P14	783		18.882
P15	319		22.605
P16	-	123	17.752

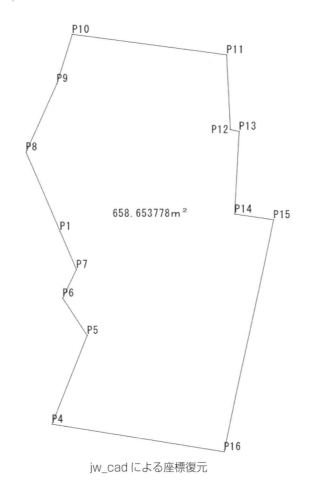

jw_cad による座標復元

まめ知識

座標値

　地積測量図でも比較的新しい図面については、三斜計測でなく座標を用いた表記がされていることが多いです。座標について、世界測地系座標等の公的座標と任意座標の座標があります。世界測地系の座標は共通の数値であるため、他の図面（後述する地籍図や他の地積測量図記載の座標）と組み合わせることができます。

　ただし、日本測地系や震災前の座標はズレがあるため、変換する必要があります（詳細は67ページ「7　地籍調査課等における調査」で後述します）。

5 建物図面

　建物図面は、建物評価の際に使用することはあまりありませんが、敷地の配置が表示されているため、上記のように公図が不正確な場合に、土地の形状を把握するために使用するケースがあります。また、どの筆の上に建物が建っているかがわかるため、建物がまたがって建っていて一体評価にすべきか等を把握する際にも役立ちます。

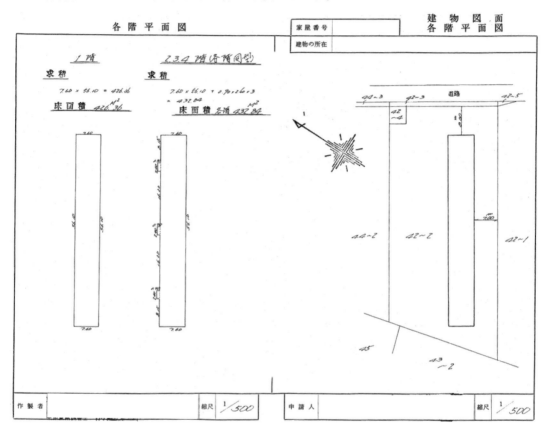

Ⅲ 役所調査で確認する事項

1 役所等の場所の確認

役所の場所・担当部署は事前にHPや電話で確認しておきましょう。例えば、東京都の多摩地区は、1つの市役所ですべてを済ませることができないケースが多いです。

建築指導について、開発関係は別々の合同庁舎になることもあり、市役所だけですべて調べることはできません。

また、建築計画概要書の写しについても、その場で取得できる所と、開示請求をして2〜3週間の時間を要する所もあるなど、注意を要するため事前に電話で確認した方がよいでしょう。

さらに、前面道路が国道や都道府県道の場合は市役所等の管轄ではなく、都道府県の建設事務所や土木事務所等であることが多いことから、こちらの場所も事前に調べる必要があります。

2 都市計画課における調査

1 都市計画情報の確認

都市計画課における調査では、まず「用途地域の確認」を行うこととなります。用途地域についてはインターネットや電話で確認することもできますが、役所調査の際は再度窓口で確認をした方がよいでしょう。

また、都市計画課では用途地域以外でも地区計画や都市計画道路の有無を確認することが必要です。

■ウェブサイトで閲覧できる都市計画図

■用途地域による建築物の用途制限の概要

用途地域内の建築物の用途制限 ○ 建てられる用途 × 建てられない用途 ①②③④▲■：面積、階数等の制限あり	第一種低層住居専用地域	第二種低層住居専用地域	第一種中高層住居専用地域	第二種中高層住居専用地域	第一種住居地域	第二種住居地域	準住居地域	田園住居地域	近隣商業地域	商業地域	準工業地域	工業地域	工業専用地域	備考
住宅、共同住宅、寄宿舎、下宿	○	○	○	○	○	○	○	○	○	○	○	○	×	
兼用住宅で、非住宅部分の床面積が、50㎡以下かつ建築物の延べ面積の2分の1以下のもの	○	○	○	○	○	○	○	○	○	○	○	○	×	非住宅部分の用途制限あり。
店舗等 店舗等の床面積が150㎡以下のもの	×	①	②	③	○	○	○	①	○	○	○	○	④	① 日用品販売店舗、喫茶店、理髪店、建具屋等のサービス業用店舗のみ。2階以下 ② ①に加えて、物品販売店舗、飲食店、損保代理店・銀行の支店・宅地建物取引業者等のサービス業用店舗のみ。2階以下 ③ 2階以下 ④ 物品販売店舗及び飲食店を除く。 ■ 農産物直売所、農家レストラン等のみ。2階以下
店舗等の床面積が150㎡を超え、500㎡以下のもの	×	×	②	③	○	○	○	■	○	○	○	○	④	
店舗等の床面積が500㎡を超え、1,500㎡以下のもの	×	×	×	③	○	○	○	×	○	○	○	○	④	
店舗等の床面積が1,500㎡を超え、3,000㎡以下のもの	×	×	×	×	○	○	○	×	○	○	○	○	④	
店舗等の床面積が3,000㎡を超え、10,000㎡以下のもの	×	×	×	×	○	○	○	×	○	○	○	○	④	
店舗等の床面積が10,000㎡を超えるもの	×	×	×	×	×	×	×	×	○	○	○	×	×	
事務所等 事務所等の床面積が150㎡以下のもの	×	×	×	×	▲	○	○	×	○	○	○	○	○	▲2階以下
事務所等の床面積が150㎡を超え、500㎡以下のもの	×	×	×	×	▲	○	○	×	○	○	○	○	○	
事務所等の床面積が500㎡を超え、1,500㎡以下のもの	×	×	×	×	▲	○	○	×	○	○	○	○	○	
事務所等の床面積が1,500㎡を超え、3,000㎡以下のもの	×	×	×	×	▲	○	○	×	○	○	○	○	○	
事務所等の床面積が3,000㎡を超えるもの	×	×	×	×	×	○	○	×	○	○	○	○	○	
ホテル、旅館	×	×	×	×	▲	○	○	×	○	○	○	×	×	▲3,000㎡以下
遊戯施設・風俗施設 ボーリング場、スケート場、水泳場、ゴルフ練習場等	×	×	×	×	▲	○	○	×	○	○	○	○	×	▲3,000㎡以下
カラオケボックス等	×	×	×	×	×	▲	▲	×	○	○	○	▲	▲	▲10,000㎡以下
麻雀屋、パチンコ屋、射的場、馬券・車券発売所等	×	×	×	×	×	▲	▲	×	○	○	○	▲	×	▲10,000㎡以下
劇場、映画館、演芸場、観覧場、ナイトクラブ等	×	×	×	×	×	×	▲	×	○	○	○	×	×	▲客席及びナイトクラブ等の用途に供する部分の床面積200㎡未満
キャバレー、個室付浴場等	×	×	×	×	×	×	×	×	×	○	▲	×	×	▲個室付浴場等を除く。
公共施設・病院・学校等 幼稚園、小学校、中学校、高等学校	○	○	○	○	○	○	○	○	○	○	○	×	×	
大学、高等専門学校、専修学校等	×	×	○	○	○	○	○	×	○	○	○	×	×	
図書館等	○	○	○	○	○	○	○	○	○	○	○	○	×	
巡査派出所、一定規模以下の郵便局等	○	○	○	○	○	○	○	○	○	○	○	○	○	
神社、寺院、教会等	○	○	○	○	○	○	○	○	○	○	○	○	○	
病院	×	×	○	○	○	○	○	×	○	○	○	×	×	
公衆浴場、診療所、保育所等	○	○	○	○	○	○	○	○	○	○	○	○	○	
老人ホーム、身体障害者福祉ホーム等	○	○	○	○	○	○	○	○	○	○	○	○	×	
老人福祉センター、児童厚生施設等	▲	▲	○	○	○	○	○	▲	○	○	○	○	○	▲600㎡以下
自動車教習所	×	×	×	×	▲	○	○	×	○	○	○	○	○	▲3,000㎡以下
工場・倉庫等 単独車庫（附属車庫を除く）	×	×	▲	▲	▲	▲	○	×	○	○	○	○	○	▲300㎡以下 2階以下
建築物附属自動車庫 （①②③については、建築物の延べ面積の1／2以下かつ備考欄に記載の制限）	①	①	②	②	③	③	○	①	○	○	○	○	○	① 600㎡以下1階以下 ③ 2階以下 ② 3,000㎡以下2階以下 ※一団地の敷地内について別に制限あり。
倉庫業倉庫	×	×	×	×	×	×	○	×	○	○	○	○	○	
自家用倉庫	×	×	×	①	②	○	○	■	○	○	○	○	○	① 2階以下かつ1,500㎡以下 ② 3,000㎡以下 ■ 農産物及び農業の生産資材を貯蔵するものに限る。
畜舎（15㎡を超えるもの）	×	×	×	×	▲	○	○	×	○	○	○	○	○	▲3,000㎡以下
パン屋、米屋、豆腐屋、菓子屋、洋服店、畳屋、建具屋、自転車店等で作業場の床面積が50㎡以下のもの	×	▲	▲	▲	○	○	○	▲	○	○	○	○	○	原動機の制限あり。 ▲2階以下
危険性や環境を悪化させるおそれが非常に少ない工場	×	×	×	×	①	①	①	■	②	②	○	○	○	原動機・作業内容の制限あり。作業場の床面積 ① 50㎡以下 ② 150㎡以下 ■ 農産物を生産、集荷、処理及び貯蔵するものに限る。
危険性や環境を悪化させるおそれが少ない工場	×	×	×	×	×	×	×	×	②	②	○	○	○	
危険性や環境を悪化させるおそれがやや多い工場	×	×	×	×	×	×	×	×	×	×	○	○	○	
危険性が大きいか又は著しく環境を悪化させるおそれがある工場	×	×	×	×	×	×	×	×	×	×	×	○	○	
自動車修理工場	×	×	×	×	①	①	②	×	③	○	○	○	○	原動機の制限あり。 作業場の床面積 ① 50㎡以下 ② 150㎡以下 ③ 300㎡以下
火薬、石油類、ガスなどの危険物の貯蔵・処理の量 量が非常に少ない施設	×	×	×	×	①	②	○	×	○	○	○	○	○	① 1,500㎡以下 2階以下
量が少ない施設	×	×	×	×	×	×	②	×	○	○	○	○	○	② 3,000㎡以下
量がやや多い施設	×	×	×	×	×	×	×	×	×	○	○	○	○	
量が多い施設	×	×	×	×	×	×	×	×	×	×	×	○	○	

（注1）本表は、改正後の建築基準法別表第二の概要であり、全ての制限について掲載したものではない。
（注2）卸売市場、火葬場、と畜場、汚物処理場、ごみ焼却場等は、都市計画区域内においては都市計画決定が必要など、別に規定あり。

（東京都都市整備局HPより）

2 都市計画道路調査

都市計画道路の事業用地に含まれているかを確認します。

■都市計画課で入手した都市計画道路計画線の資料

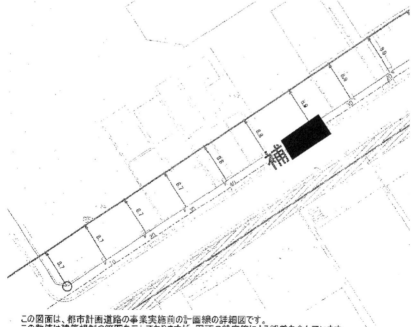

この図面は、都市計画道路の事業実施前の計画線の詳細図です。
この数値は建築規制の範囲を示しておりますが、図面の精度等による誤差を含んでいます。

3 白図の取得

白図は等高線が描かれており、高低差を把握するために使います。

役所調査ではありませんが、等高線については「Web等高線メーカー」というHP（https：//ktgis.net/service/webcontour/index.html）で、任意に等高線のラインを設定することができるため、傾斜度を計測するのに役立ちます。

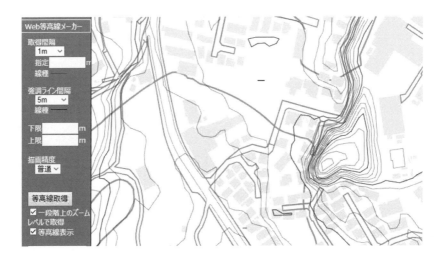

3 建築指導課における調査

　建築指導課における調査は、まず「対象不動産に接道する道路が建築基準法上の道路に該当するか」ということを確認しなくてはなりません。さらにセットバックや建築計画概要書の取得、位置指定道路図面の取得、各建築条例における問い合わせ等、調べる項目は多岐にわたります。

1 道路

　道路は建築基準法による道路のほか、道路法による道路、道路交通法による道路などがありますが、不動産に関する道路は専ら建築基準法による道路です。ここでは、代表的な道路の種類を説明していきます。

2 建築基準法の道路

　建築物の敷地は建築基準法上の道路に2m以上接していなければ建物を建築することができません（接道義務、建築基準法第43条）。建築基準法の道路とは、下表のとおりです。

■建築基準法の道路

条項番号		内容
42条1項1号	幅員4m以上	道路法による道路（国道、県道、市町村等）
42条1項2号		都市計画法や土地区画整理法などの法律に基づいて造られた道路
42条1項3号		建築基準法施行時（昭和25年）に既に存在した道路
42条1項4号		道路法、都市計画法等で事業計画がある道路で、2年以内事業が予定され、特定行政庁が指定したもの
42条1項5号		道路の位置について特定行政庁の指定を受けたもの（通称：位置指定道路）
42条2項	幅員4m未満	建築基準法施行時（昭和25年）に建築物が建ち並んでいた幅員4m未満の道で、特定行政庁が指定したもの（通称：2項道路）

　この他、役所調査を行うと建築基準法上の道路に該当しない道路である「建築基準法外道路」や、建築基準法施行前に施行されていた旧市街地建築物法による「告示建築線」という道路もあります。
　また、厳密には道路に該当しませんが、協定を結ぶことで建築が可能となるような「43条2項2号空地」もあります。

■42条1項2号道路（開発道路）

■位置指定道路

　建築基準法上の道路は各市役所・区役所等の建築指導課で住宅地図にプロットされたものを
閲覧することができます。インターネットで見ることができる市などもありますので、事前に
確認しましょう。

（参考）横浜市・道路種別図

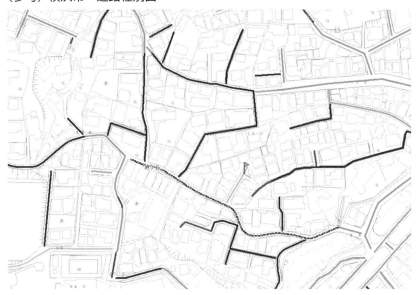

■告示建築線の説明（東京都特別区の HP より）

告示建築線とは

　建築基準法は、昭和25年11月23日から施行されましたが、それ以前には「旧市街地建築物法（大正8年4月法律第37号）」が施行されていました。

　告示建築線とは、「旧市街地建築物法第7条但書」に基づき、行政官庁（東京府では警視総監）が告示により指定した指定建築線です。建築物を建築線より突出して建築することはできないとされていました。全く道路のないところに指定されることも少なくありませんでした。

　「旧市街地建築物法」は、建築基準法の施行により廃止されましたが、建築基準法附則第5項は、「市街地建築物法第7条但書の規定によって指定された建築線で、その間の距離が4メートル以上のものは、その建築線の位置にこの法律第42条第1項第五号の規定による道路の位置の指定があったものとみなす」と定めています。

　したがって、かつて警視総監の名前で告示されたその間の距離が4メートル以上の指定建築線は、現在は、建築基準法第42条第1項第五号の規定による道路（いわゆる位置指定道路）として扱われており、たとえ道路状に整備されていなくても、その上に建築物を建築することはできません。

旧市街地建築物法
第7条　道路敷地の境界織を以って建築線とす但し特別の事由あるときは行政官庁は別に建築線を指定することを得

建築基準法
（この法律範行前に指定された建築線）
5　市街地建築物法第7条但書の規程によって指定された建築線で、その間の距離が4m以上のものは、その建築線の位置にこの法律第42条第1項第5号の規定による道路の位置の指定があったものとみなす。

1 船場建築線

　船場建築線とは告示建築線の一つであり、大阪市の船場地区における建築線です。この区域については、現行幅員が4m以上であってもさらなる拡幅が必要になるため、注意が必要です。（以下、大阪市HPより）

■船場建築線の指定状況図

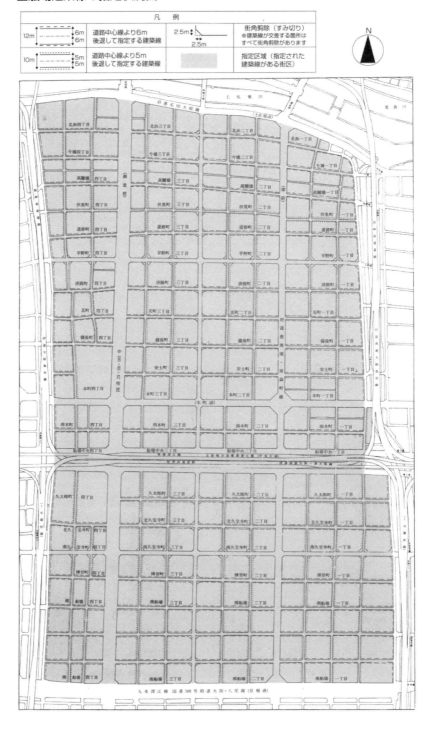

① 船場建築線とは

　船場建築線は、土地の高度利用を図るため、市街地建築物法第7条但書に基づき、昭和14年に大阪府告示第404号によって指定された建築線で、現在は、建築基準法第42条第1項第5号の規定による道路の境界線とみなされております。

　船場地区は、古くから6m又は8mの道路で形成された市街地であったため、当時の建築基準であった市街地建築物法における道路幅による高さ制限により、4階程度の建物しか建築できませんでしたが、船場建築線の指定により建築線間の幅が道路幅とみなされ、高度利用が可能となりました。

　現在においても船場建築線は、建築基準法における道路境界線と扱われているため、建築線の指定のない場合に比べ、一般的には、延べ面積の増加や高い建物の建築が可能となります。また、建築の建替えが進めば、壁面の位置が整い、歩行者空間が確保されることにより、景観にすぐれた、安全なまちなみがつくられることになります。

② 建築線の指定の内容について

　船場建築線は、概ね南北方向の道路については中心より5m、東西方向の道路については6m後退した位置に、建築線が交差する部分については2.5mのすみ切り（街角剪除）を行う形に指定されています。（一部上記の説明と異なる箇所がありますので、詳しくは「船場建築線指定図」でお確かめください。）

　なお、建築線は、土地の所有権とはかかわりなく指定されたものである点にご注意ください。

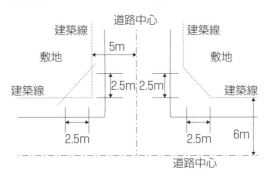

（※各部分の道路中心からの距離は船場建築線
　指定図でお確かめください。）

③ 建築制限について

　上述していますように、建築線と後退前の道路境界に挟まれた部分や建築線の交差する箇所のすみ切り（街角剪除）部分は、建築基準法上の道路とみなされることから、建物を建築することや、これらの部分を建蔽率あるいは容積率算定時の敷地面積に算入できません。ただし、これらの部分の所有権を有する場合には、その地下部分における建築は可能です。この場合、建物の地下部分の床面積は、延べ面積に算入されることになります。また道路高さ制限や前面

道路幅員による容積率制限の適用に際しては、建築線間の幅が道路幅とみなされます。

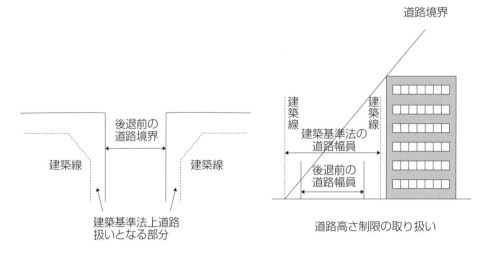

道路高さ制限の取り扱い

■船場建築線により後退した建築計画概要書の例

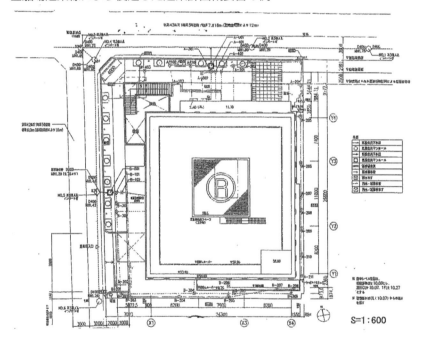

S=1：600

2 特定路線価と建築基準法の道路

　路線価が付されていない場合、特定路線価の申請を検討されることがありますが、特定路線価は「建築基準法上の道路に指定されているか」を確認することが必要となります。

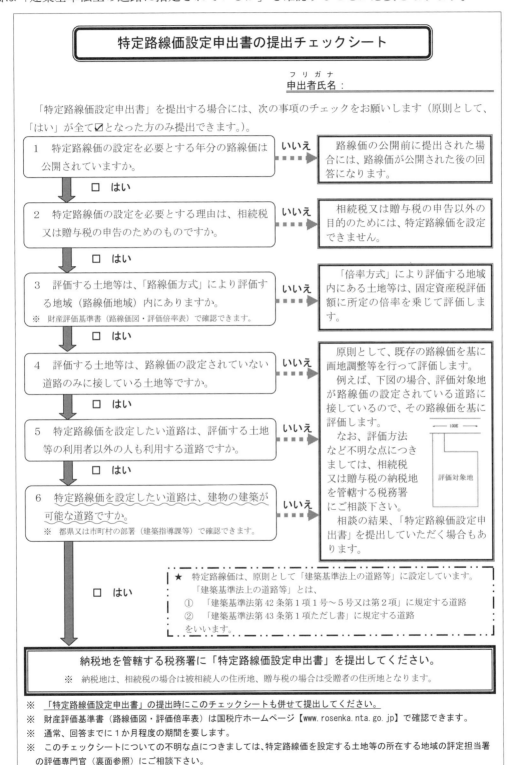

3 セットバック

　42条2項道路は道路中心線から2mが道路とみなされます。よって、当該道路に面する土地は道路中心線から2m後退する必要があります。この道路後退のことをセットバックといいます。セットバックは「SB」と表記されることもあります。また、セットバックの際は、元道の中心線から2m後退するため、その中心線の位置なども建築指導課で聞くことができます。

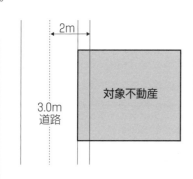

セットバック部分については建物の建築や塀の築造は認められず、建ぺい率・容積率上の敷地面積に算入しません。

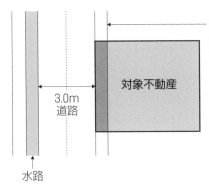

対面側に水路が存する場合は
片側から4mの道路後退にな
る場合があります。

対象不動産

3.0m
道路

水路

▶ 事例 セットバック・応用1

次のような行き止りの土地の場合に、どのようにセットバックをすればよいでしょうか。

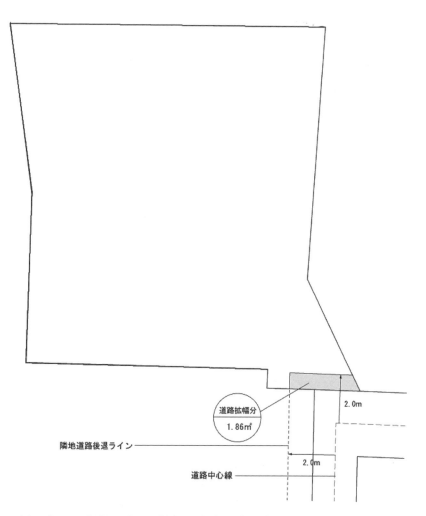

道路拡幅分
1.86㎡

2.0m

隣地道路後退ライン

2.0m

道路中心線

　行き止まり道路に面する場合、隣地も道路後退した後のことを考慮し、実際に面する部分だけでなく、隣地に接する部分も後退が必要です。

「土地面積」と「敷地面積」
　この2つは似ている言葉ですが、どこが違うのでしょうか。
　通常、土地面積とはセットバック面積も含まれます（公簿面積等）。一方、敷地面積という場合にはセットバック部分は含まれません。
　容積率・建蔽率の定義について、建築基準法第52条・53条でそれぞれ「建築物の延べ面積の敷地面積に対する割合」、「建築物の建築面積の敷地面積に対する割合」と定義付けられています。

　次の写真の道路は役所調査の結果、建築基準法第42条1項5号道路に指定されている道路でした。指定道路図面を取得すると図面上の幅員は4.0mですが現況は3.6mしかありません。位置指定道路については昭和の古い年代に指定されたものも多く、図面上の幅員と現況幅員が一致しない場合もあります。このような場合、建替えの際は道路後退を要求されることとなります。理由として、あくまで指定道路図面では4.0mの幅員で申請されていても、現況がそれと異なる場合には、図面と同様の状態を復元する必要があるからです。

　したがって、2項道路ではなく1項5号道路であっても道路後退が必要になることも覚えておく必要があります。

　次の写真の道路は役所調査の結果、建築基準法第43条2項2号空地に指定されている箇所でした。現況幅員は、奥は4.0mですが、手前は2.7mとなっています。この場合、手前の部分に建物を再建築する際には、上記1項5号道路と同様に道路中心線から2.0mの道路後退を行う必要があります。

4 歩道上空地

　下の写真の道路のように、歩道としてインターロッキング舗装（幾何形状に製造された舗装用コンクリートブロックをアスファルト舗装基盤上などに敷設したもの）がされたものは下記の条件（国税庁 HP より）を満たすことで私道と同様の評価ができます。

> ①都市計画法所定の開発行為の許可を受けるために、地方公共団体の指導要綱等を踏まえた行政指導によって整備され、②道路に沿って、歩道としてインターロッキングなどの舗装が施されたものであり、③居住者等以外の第三者による自由な通行の用に供されている上図の「歩道状空地」は、財産評価基本通達24（（私道の用に供されている宅地の評価））に基づき評価することとなります。

建築計画概要書・台帳記載証明書

　建築計画概要書とは、建築確認申請の際に提出が必要となる書類で、建築計画の概略が記載された図書です。建築当時の、建築主・代理者・設計者・工事監理者・工事施工者の氏名、住所、敷地面積、床面積、構造、高さ、階数等の建築物の概要、及び案内図、配置図が記されています。建築計画概要書を入手することで、例えば2棟の賃貸マンションのそれぞれの敷地面積や評価単位の形状等を把握することができます。

　台帳記載証明書は図面はありませんが、確認済証と検査済証交付の記録や敷地面積等の情報が記載されています。

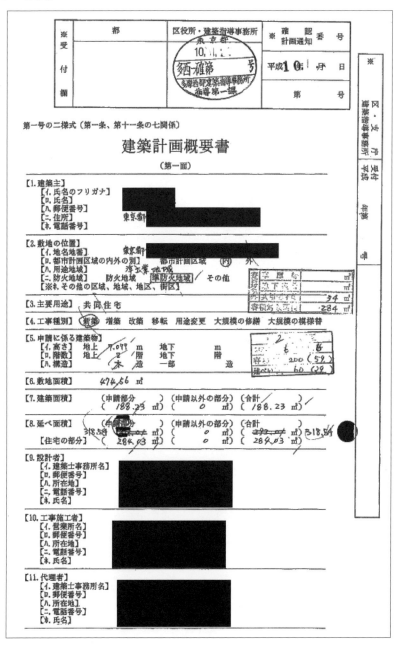

これは概要書の写しである
平成 25年　　月　　日

（第二面）

付近見取図

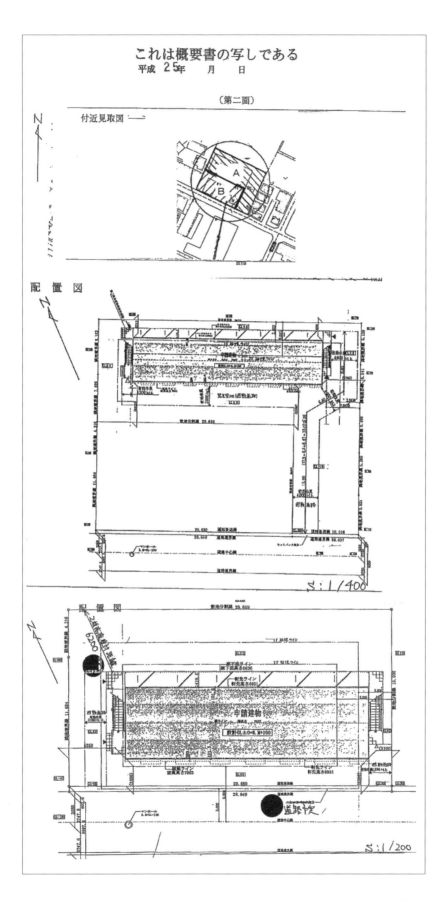

配置図

S:1/400

S:1/200

建築確認申請（計画通知）台帳記載証明書

建築確認申請（計画通知） 受付年月日・番号	昭和 45 年 8 月 18 日　　第 　　　 号	
建築確認申請（適合通知） 確認年月日・番号	昭和 45 年 10 月 12 日　　第 　　　 号	

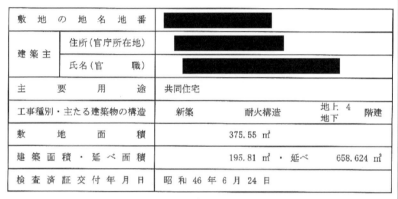

敷 地 の 地 名 地 番		
建築主	住所（官庁所在地）	
	氏名（官　職）	
主 要 用 途	共同住宅	
工事種別・主たる建築物の構造	新築　　　　　耐火構造　　　地上 4 階建 　　　　　　　　　　　　　　地下	
敷 地 面 積	375.55 ㎡	
建 築 面 積 ・ 延 べ 面 積	195.81 ㎡ ・ 延べ 　　658.624 ㎡	
検 査 済 証 交 付 年 月 日	昭和 46 年 6 月 24 日	

　上記のとおり建築確認申請（計画通知）台帳に記載してある事項と
相違ないことを証明します。

第 **11139** 号
平成 26 年 10 月 21 日

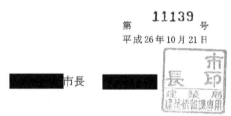

　　　 市長 　　　

　注　この証明は、建築確認がなされた事項を証明しているもので、建築の現況等を証明している
ものではありません。

建築計画概要書の図面は、評価単位の形状及び面積を判定するために有用な資料となりますが、必ず現況を確認することが重要となります。下のケースでは、概要書の図面では建物の北側から距離を置いて敷地面積の線が描かれていますが、現状は写真のように建物のすぐ裏の位置が山林となっていました。

したがって、概要書の図面の敷地面積の線より内側の線をもって当該共同住宅の評価単位としました。

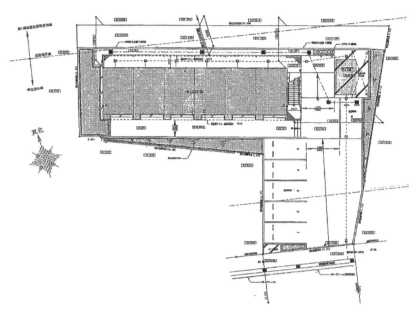

6 位置指定道路図面

　上述した42条1項5号道路（位置指定道路）について、指定道路図面が備えつけられていますので、評価対象に位置指定道路に指定されている私道がある場合や、対象地が位置指定道路に接道している場合はこの図面を取得しましょう。

　下の図面は位置指定道路に指定されていますが、分筆されていない状態（図の左下部分が公図）であったため、私道部分の評価単位を分けて評価する際に、形状と面積が公図からは判断できません。位置指定道路図面を取得することで形状及び面積を把握することができます。

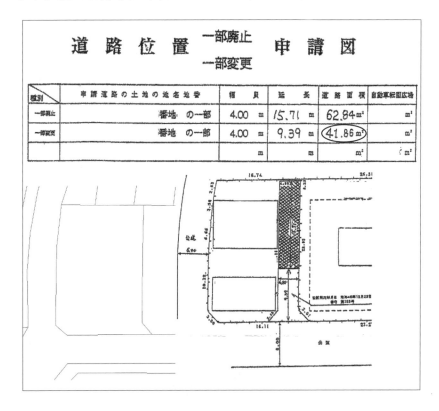

また、次図は位置指定道路が評価する土地の中に食い込んで指定されている場合です。

ただし、税務上の財産評価はあくまで現況主義ですので、道路形状があるか否かで評価単位の判定を行います。

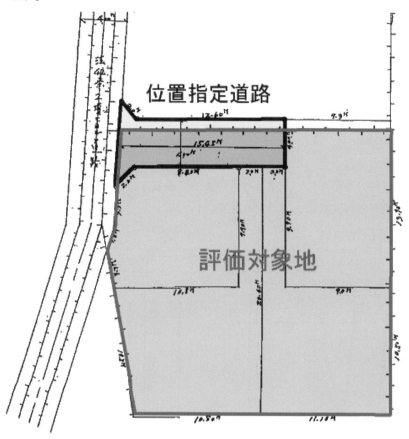

位置指定道路

評価対象地

7 基準建蔽率・基準容積率の判定

1 建蔽率

建蔽率とは、建築物の建築面積の敷地面積に対する割合のことをいいます。なお、ここでいう「建築面積」とは水平投影面積（真上から見たときの面積）をいいます。

■建蔽率のイメージ（建蔽率50%）

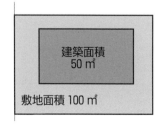

建蔽率 ＝ $\dfrac{\text{建築面積 50 ㎡}}{\text{敷地面積 100 ㎡}}$

＝50%

2 容積率

容積率とは、建築物の延べ面積の敷地面積に対する割合をいいます。

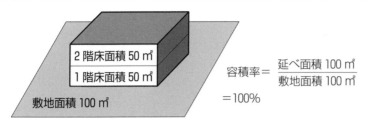

$$容積率 = \frac{延べ面積\ 100\ ㎡}{敷地面積\ 100\ ㎡}$$

$$= 100\%$$

3 角地による建蔽率の緩和

角地に面する土地の場合、建蔽率の緩和が受けられます。

なお、その緩和の基準については各行政によって異なり、東京都では図1のようになり、千葉県市川市の場合には図2のようになります。

■図1　東京都

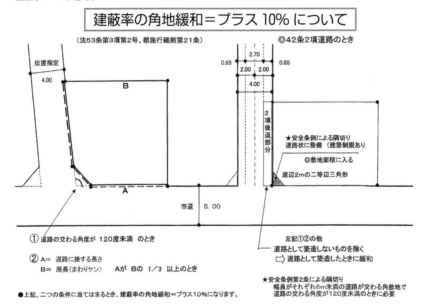

■図2　千葉県市川市

建蔽率の緩和～角地緩和～

以下の条件を全て満たした場合に適用を受けることができます。
（建蔽率が10%増加）

● 建築基準法の道路に接していること
　（42条2項道路は事前にセットバックすることをお願いしています）

● 2つの道路の幅員を足して10m以上であること

● 2つの道路が120°以内で交わっていること

● 敷地の周長の1／3以上が建築基準法の道路に接していること

ただし、風致地区内は条例で建ぺい率の上限が定められているので適用できません。

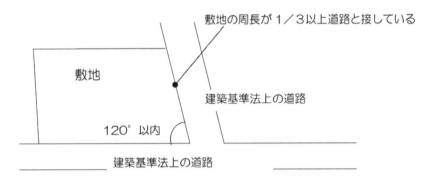

敷地の周長が1／3以上道路と接している

建築基準法上の道路

敷地

120°以内

建築基準法上の道路

※　お願い：交通状況改善のため隅切りをお願いしています。

4 平均按分建蔽率、平均按分容積率

　建蔽率、容積率が異なる地域に対象土地が跨がる場合、それぞれの地域の面積に応じて、按分することにより、対象土地全体の建蔽率、容積率を査定することになります。

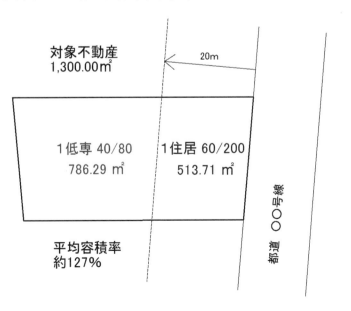

対象不動産
1,300.00㎡

20m

1低専 40/80
786.29㎡

1住居 60/200
513.71㎡

都道 ○○号線

平均容積率
約127%

5 基準容積率

　容積率には都市計画法で指定された指定容積率と、建築基準法の規定で制限される基準容積率があります。

　前面道路の幅が12m 未満の場合、次の①、②のうち、いずれか小さい方が限度となります。

① 　都市計画で定められた容積率

② 　道路の幅員×法定乗数＊

　　　＊法定乗数…住居系では４／10、非住居系では６／10

　容積率は都市計画法の指定による指定容積率をまず調べますが、前面道路の幅員や近くに広幅員（15m 以上の特定道路）の道路があるか等により、制限されたり緩和されることがあります。

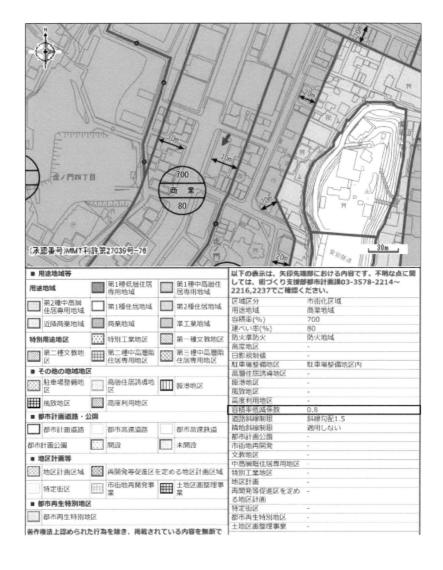

制限されるケースとして、道路の幅員に法定乗数（住居系の地域では前面道路の幅員に0.4を、住居系以外の地域では0.6）を乗じて得た数値が基準容積率となります。

　この法定乗数（0.4、0.6）について、自治体によっては「容積率低減係数」という表現で別途規定しているケースがあり、その場合は乗じる数値が異なるため、注意が必要です。

　また、前面道路の幅員について、幅員が一律でないケースがあり、どの長さに法定乗数を乗じるかも自治体によって異なるため、詳しく聴取することが必要です。

① どこの幅員をもって基準容積率を判断するか？

　下記のケースの場合、 敷地の端から2m内側の箇所の前面で基準容積率を判断する場合や、同一路線の狭い箇所で判断するケースなどもあり、自治体によって異なるため注意が必要です。

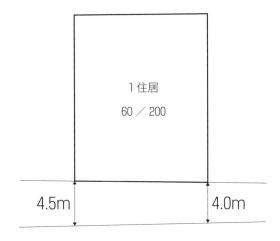

　例えば、東京都港区の判断基準は次ページのようになります。

●容積率の算定に使う道路幅員

港区は敷地の前面部分だけでなく、交差点から交差点まで（結節点間）の幅員で総合的に判断します。

基本的な考え方
①2m（最低接道長さ）接道部分及び交差点までの道路範囲（⇔）における最小幅員を、容積率の算定に使う道路幅員とする
②交差点が複数あり、最小幅員が複数ある場合は、最小幅員を比較して広い幅員を、容積率の算定に使う道路幅員とする。
③区道で認定幅員と現況幅員が異なる場合は、認定幅員と現況幅員を比較して小さい幅員を採用する。
④隅切り部分は道路幅員に該当しない。

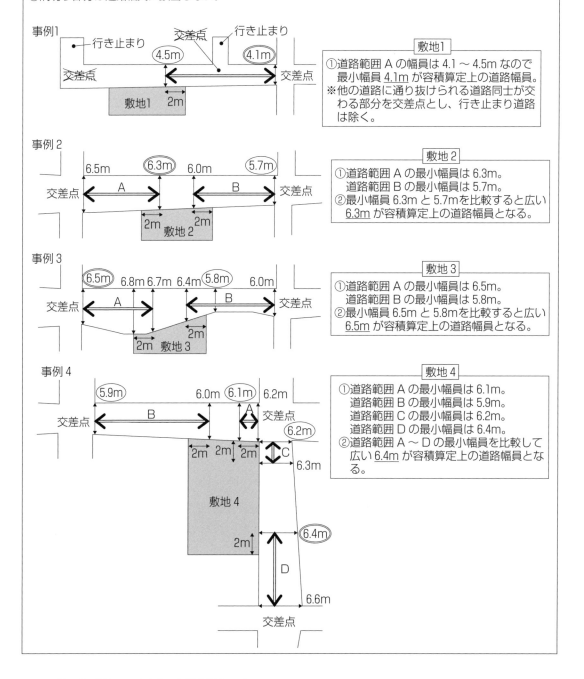

事例1

敷地1

①道路範囲Aの幅員は4.1〜4.5mなので最小幅員 4.1m が容積算定上の道路幅員。
※他の道路に通り抜けられる道路同士が交わる部分を交差点とし、行き止まり道路は除く。

事例2

敷地2

①道路範囲Aの最小幅員は6.3m。
　道路範囲Bの最小幅員は5.7m。
②最小幅員6.3mと5.7mを比較すると広い 6.3m が容積算定上の道路幅員となる。

事例3

敷地3

①道路範囲Aの最小幅員は6.5m。
　道路範囲Bの最小幅員は5.8m。
②最小幅員6.5mと5.8mを比較すると広い 6.5m が容積算定上の道路幅員となる。

事例4

敷地4

①道路範囲Aの最小幅員は6.1m。
　道路範囲Bの最小幅員は5.9m。
　道路範囲Cの最小幅員は6.2m。
　道路範囲Dの最小幅員は6.4m。
②道路範囲A〜Dの最小幅員を比較して広い 6.4m が容積算定上の道路幅員となる。

これらを踏まえ、査定した容積率は下記のようになります。

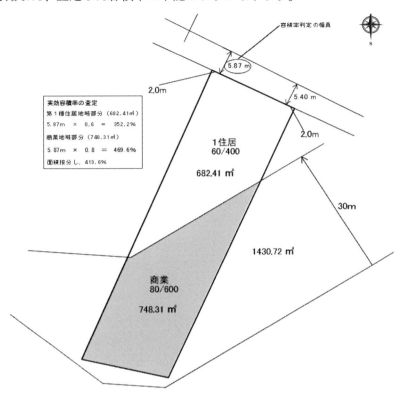

実効容積率の査定について、港区においては次頁の規定で定められている通り、交差点が複数あり、最小幅員が複数ある場合は、最小幅員を比較して広い幅員を、容積率の算定に使う道路幅員とする。なお、最小幅員については、対象地の敷地の端から2m内側の位置の前面幅員で判断し（本件は5.87m）、その後各用途地域の面積で按分するものとする。

❷ 敷地が幅員 6 m 以上の前面道路に接する場合の緩和

敷地が幅員 6 m 以上の前面道路に接し、幅員15m 以上の特定道路から70m 以内にある場合には、下式の Wa の値を前面道路の幅員に加えて計算することができます。

$$Wa = \frac{(12-W) \times (70-L)}{70}$$

W：前面道路の幅員（m）

L：特定道路からの距離（m）

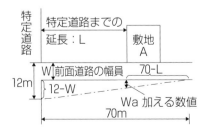

次の土地は、前面道路が12m未満であることから、容積率の緩和が認められるケースです。

指定容積率500%

都市計画道路から30m

指定容積率700%

6.0m

約185.00m²
(53.6%)

約160.00m²
(46.4%)

7.9m

20.4m

〇〇通り（幅員30m、特定道路）

【上記の基準容積率】

　対象不動産の基準容積率について、前面道路が12m未満であることから、建築基準法52条2項の規定により、道路幅員に法定乗数を乗じた容積率（約474％）となります。

　一方、前面道路幅員が約7.9m、特定道路からの距離が約20.4mであるため、建築基準法52条9項の規定により、容積率の緩和が生じます。

$$(12m-7.9m) \times \frac{70m-20.4m}{70m} ≒ 2.9m$$

　この数値を前面道路幅員に加算した上で法定乗数を乗じます。

$$(7.9m+2.9m) \times 0.6 = 648\%$$

となりますが、南東方都市計画道路から30mで指定容積率境があることから、それぞれの部分について、指定容積率との比較を比較を行います。

〈指定容積率500％の部分〉

　　500％＜648％

〈指定容積率700％の部分〉

　　700％＞648％

　この数値を、それぞれの面積で按分すると、基準容積率は約569％となります。

$$(500\%×0.536+648\%×0.464) ≒ 569\%$$

6　路地状敷地

　路地状敷地について、間口が何m必要か、なども建築指導課で聞くことができます。

　路地状敷地については各県の条例等によって異なります。財産評価上、無道路地の評価については通路部分を開設した上で評価を行うこととなりますが、この場合の通路の間口部分はこれらの条例に適合したものでなければなりません。

■東京都建築安全条例第3条

路地状部分の長さ	路地状部分の幅員
20m以下のもの	2m以上
20m以上のもの	3m以上

■横浜市建築基準条例第4条

路地状部分の長さ	路地状部分の幅員
15m以下のもの	2m以上
15mを超え25m以下のもの	3m以上
25m以上のもの	4m以上

　下の測量図は名古屋市内の路地状敷地です。奥の路地状敷地の路地部分の長さは約22mあるため、東京都ではこのような路地状敷地にすることはできません。

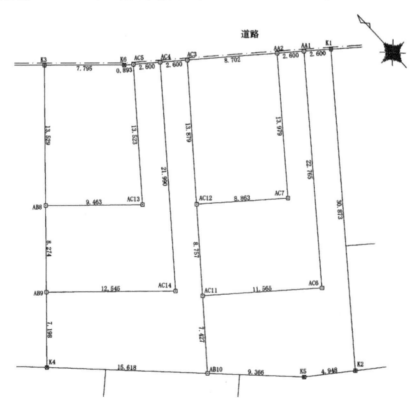

7 隅切り

　セットバック後の２項道路について、６ｍ未満の道路と交差する場合は、隅切りを設けるケースがあります。隅切りは各自治体の条例等によって異なります。

　相続税の財産評価では、セットバックに準じて３割評価を行う場合もありますが、横浜市のように隅切り部分を固定資産税単価の100％による価格で買い取る場合には、財産価値が認められると考えられるため３割評価を行うことは厳しいと思われます。

■東京都杉並区の場合

こんな敷地が拡幅整備の対象です。

■盤備・助成の対象
　次にあげるもののうち、狭あい道路に俟した敷地が整備・助成の対象となります。
①　一般の通行に使用されている幅1.8ｍ以上４ｍ未満の道路に接している敷地
　（建築基準法第42条第２項の道路境界線と既存の道路の境界線との間の土地部分）
②　幅６ｍ未満の道路が120度未満の角度で交わる敷地の角
　（東京都建築安全条例第２条により建築制限を受ける角敷地）
③　区長が特に定めたもの

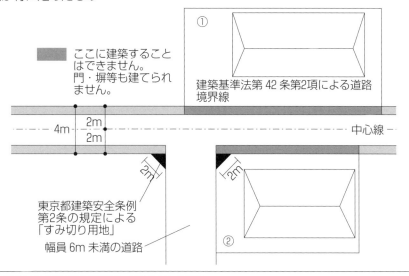

- ● 建築時基準法第42条第２項道路（昭和25年制定）
　昭和25年11月23日建築基準法が制定されたとき、建物を建てるための道路の幅員は最低４ｍと定められましたが、その時点で一般の通行に使用されていて、建物が立ち並んでいる1.8ｍ以上４ｍ未満の道路も、将来、中心から２ｍ後退し（セットバック）、４ｍの道路とすることで４ｍの道路とみなしました。これが建築基準法第42条第２項の道路です。
- ● 東京都建築安全条例第２条の角敷地
　幅員がそれぞれ６ｍ未満の道路が120度未満の角度で交わる角敷地は、敷地のすみを頂点とする底辺２ｍの二等辺三角形となるよう隅切りをつくり、建物や門塀などを築造せずに道路状にするというものです。

（東京都杉並区のHPより）

←道を広げて住みよい町に→

その角地、横浜市と
買取り協議しませんか

見通し確保の必要性の高い角地で拡幅を推進するため、すみ切用地と後退用地を横浜市が買取り、道路区域に変更するための協議ができます。

＜買取り対象となる土地＞
（以下の全てを満たす場合に限ります）

● 交差点に接している角地、またはクランクしている路地の角地（準角地）であるもの
● 接する道路が2本とも公道で、そのうち少なくとも1本が整備促進路線であるもの
● すみ切用地と後退用地の両方を道路状に整備するもの
● 買取りを行うことで建築基準法に抵触しないもの
● 買取り条件※を全て満たすもの

※主な買取り条件

❶ 敷地の境界が確定していること。
❷ 分筆登記を行う際に、近隣の方の承諾が得られること。
❸ 変更登記等の手続が必要な場合は手続がされていること。
❹ 買取り対象の土地に塀や擁壁の底版がないこと。

（詳しくはお問合せください）

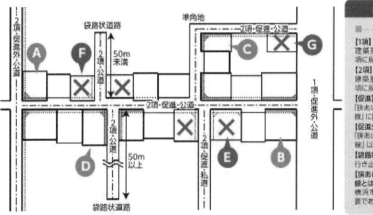

用語の解説

■■■ 買取り対象
【1項】
建築基準法第42条第1項に規定されている道路
【2項】
建築基準法第42条第2項に規定されている道路
【促進】
「狭あい道路整備促進路線」に指定されている道路
【促進外】
「狭あい道路整備促進路線」以外の道路
【袋路状道路】
行き止まりの道路
【狭あい道路整備促進路線とは】
横浜市が特に拡幅が必要であると指定した道路

⭕ 買取りできる場合

Ⓐ「2項・促進・公道」と「2項・促進外・公道」の角地
Ⓑ「2項・促進・公道」と「1項・促進外・公道」の角地
Ⓒ「2項・促進・公道」の準角地
Ⓓ Ⓐ〜Ⓒで袋路状道路が50m以上ある角地

❌ 買取りできない場合

Ⓔ 私道に接する角地（促進・促進外ともに）
Ⓕ Ⓐ〜Ⓒで袋路状道路が50m未満の角地
Ⓖ すみ切りがない場合

横浜市建築局

【買取り価格の考え方】

土地価格は固定資産税における土地の価格※（評価額）を基準として、以下の方法で価格を算定します。

❶すみ切用地…評価額の㎡単価の100%×すみ切面積
❷後退用地…評価額の㎡単価の10%×後退用地の面積

※固定資産の価格は納税通知書裏面の課税明細書を参照してください。

【注意事項】
(1) 買取り条件を満たせなくなった場合、買取りを行えない場合があります。
(2) 故意に買取りの協議を中断させた場合、測量等にかかった費用の返還請求を行う場合があります。
(3) 買取りを行うすみ切用地については、形状やサイズに規定があります。
(4) 評価額は買取り協議成立年度の価格とします。

手続の流れ

申請者の手続		横浜市の手続
買取り協議事前調査依頼申出書の提出	→	現地確認・調査
買取り条件を満たすことの確認	←	買取り条件の提示
すみ切用地及び後退用地の道路状整備 ※既に整備が終わっている場合は不要になることがあります。		
買取り協議書の提出	→	市による測量
分筆位置確定の立会い ※境界等の確認のため隣接地権者の方にも立会いをお願いすることがあります。	⇄	市で派遣する土地家屋調査士による分筆位置の確定
		市で派遣する土地家屋調査士による分筆登記
協議完了		
土地の売買契約		
代金受け取り		杭の設置

※分筆位置の確定等に期間がかかる場合があります。
※状況によってはこの流れの通りではない場合があります。

【申請者の主な負担】

契約のための印鑑登録証明書	土地所有者でご用意
買取り条件の確認	土地所有者で確認
測量、分筆位置確定の立会い	土地所有者に加え、隣接地の土地所有者等の立会いが必要な場合があります。（隣接地の土地所有者等の印鑑登録証明書が必要な場合があります）

4 土木管理課（道路管理課）における調査

土木管理課（自治体によって、道路課、道路管理課、路政課等名称が異なります）における調査は、市道等の道路の名称や幅員を調査します。

道路の幅員

前記の基準容積率で見たように、前面道路の幅員は容積率に影響を与えます。公道の幅員については役所の土木管理課などに備え付けられている道路台帳・境界確定図などでわかります（HPで道路台帳や境界確定図を閲覧できる自治体もあります）。

ただし、私道については役所が管理しているものではないため、道路台帳には道路自体が載っていません。自分でメジャー等の機器を使って測ることになります。なお、位置指定道路も私道ですが、建築指導課で「道路位置指定図」の写しを請求することで幅員はわかります。

なお、歩道付きの道路については歩道も含めて道路幅員となります。

また、公道であっても2項道路の場合は道路台帳の情報はやや古い場合があり、道路後退が反映されていない場合があるため、現況幅員を測った方がよいでしょう。

■道路台帳

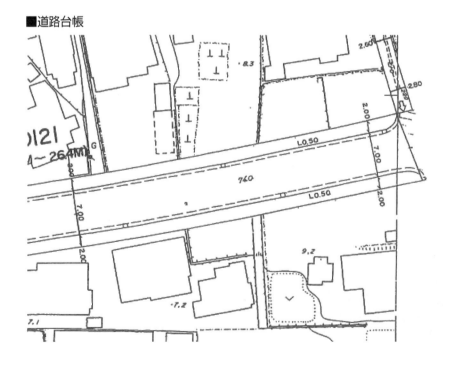

■境界確定図

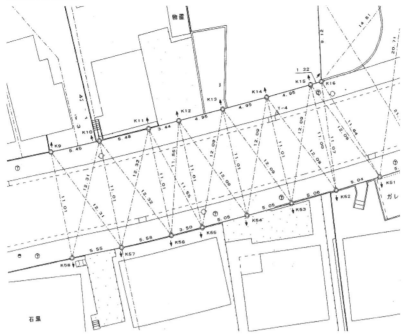

　境界確定図については、座標が表示されているケースがあります。

　対象不動産が四方の道路に囲まれているような場合では、境界確定図に座標値が表示されていれば、それで対象不動産の面積を査定することができます。

　座標値をソフト（jw_cad）を用いて読み込むことは後述（第2部）しますが、次の図面は四方路の土地について、座標を読み込むことで実測面積を計測したものです。

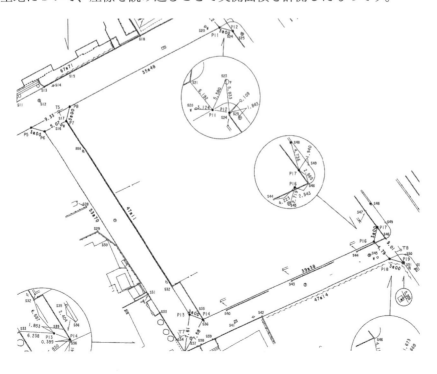

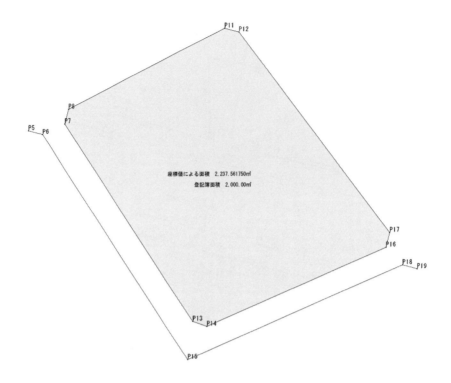

座標値による面積　2,237.561750㎡

登記簿面積　2,000.00㎡

　前面道路が市所有であったとしても認定を受けておらず、河川管理通路のような扱いの場合もあります。このような場合には、河川管理課等で確定図等の図面を取得することになります。

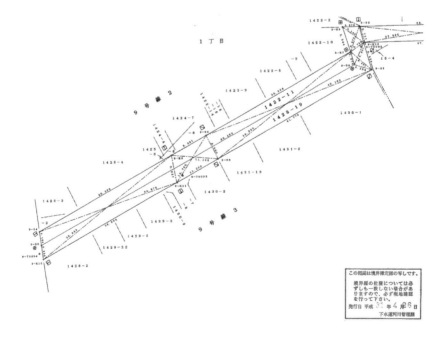

5 開発指導課における調査

　開発指導課では市街化調整区域の建物の建築の可否の調査を行うこととなります。財産評価では、市街化調整区域内の雑種地について、しんしゃく割合（30％、50％）を考慮した評価を行うこともあるため、詳細な調査が必要です。

　また、開発登録簿の写しを取得することができます。

■建物が建築可能なケース（千葉県●●市）

<table>
<tr><td colspan="2">40戸連たん制度の要件（平成27年 4 月 1 日以降受付のもの）</td></tr>
<tr><td>①</td><td>市街化区域から1.1km 以内</td></tr>
<tr><td>②</td><td>半径150m 以内に40戸以上又は敷地間距離55m 以内で40戸以上</td></tr>
<tr><td colspan="2">　①～②の条件を満たした土地の区域（ 5 ha 未満）で、建築基準法で規定する第二種低層住居専用地域内に建築することができる建築物を建築することができます。
（建ぺい率50％、容積率100％、最高の高さ10m 以内となります。）

【第二種低層居住居専用地域内に建築することができる建築物の例】
　専用住宅（宅地分譲含む、事務所（又は店舗）兼用住宅、長屋住宅、共同住宅、寄宿舎、神社・寺院・教会、老人ホーム、保育所、診療所、150㎡以内の日用品店舗又は飲食店　等

※　用途・規模等に応じて、都市計画法や関係法令で定める技術基準（接道要件や排水基準など）を満たす必要があります。
　また、●●市開発事業指導要綱に基づく手続が必要（自己の居住の用に供する住宅以外の場合で、土地の区域が500㎡以上）となる場合があります。</td></tr>
</table>

■建物連たん図

■開発登録簿の写し

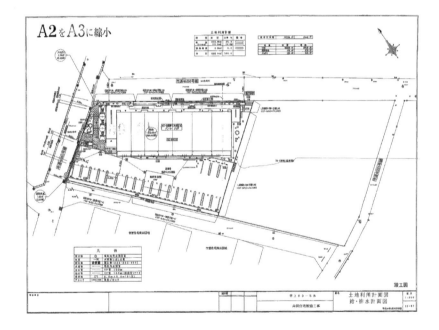

　次ページの土地は1筆でしたが、開発登録簿から、評価単位ごとの面積を把握することができるケースもあります。また、高低差が表示されているため、がけ地補正等の面でも活用できます。

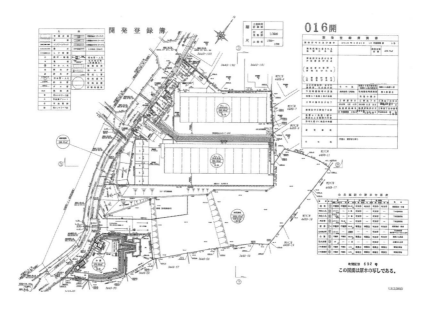

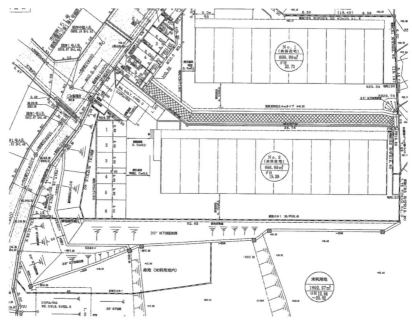

6 資産税課（又は都税事務所）における調査

　資産税課（役所により、固定資産税課等の名称）における調査は、近傍宅地や近傍山林の単価を調べることができるほか、地番図（地籍図）や修正編纂図の入手等を行います。

　また、地番図は基本的に法務局の公図と合わせて作成されているものの、法務局の公図は町境で図が切れてしまっているケースもあります。その点、地番図は町境も結合して作成されているケースが多いため、周辺の筆を知りたい場合にも役立ちます。

■地番図

■地番図（拡大）

■法務局の公図

　地番図と公図を比較すると、公図は町境で公図が切れてしまっているのに対し、地番図は町境があってもその周辺の状況が示されています（ただし、自治体によっては公図と同様に切れている場合もあります）。こうしたことから、隣接する筆を調べる必要がある場合は、地番図の方が優れています。

　地番図は、インターネットで取得できる市区町村もあります。

　e-kensin の HP（https：//e-kensin-map.net/tibanportal.html）では、どの市区町村で地番図が公開されているかが一覧表示されています。各行政の HP にもリンクされていますので、最初にこちらの HP からネット取得ができるかを確認してもよいと思います。

　登記簿上には筆は存在するのに、公図上には表記がないケースもまれにあります。このような場合は、地番図を取得すると地番を確認できる場合があります。

■現在の公図

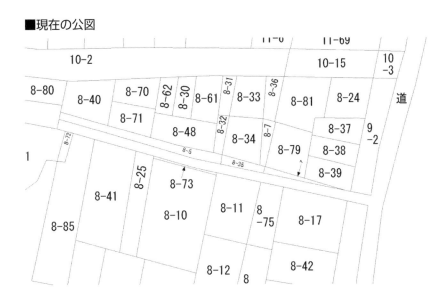

■地番図

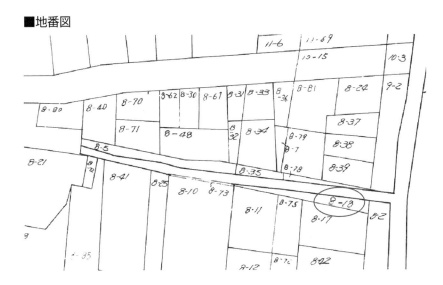

■修正編纂図

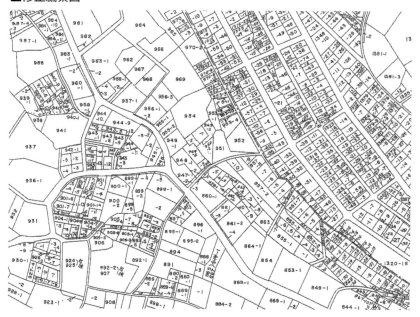

■接続不一致の地番図

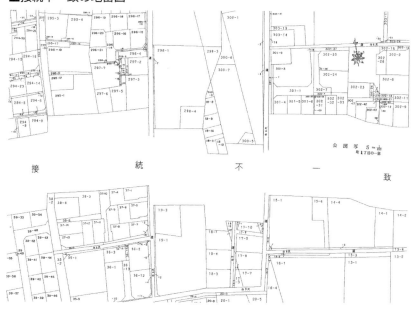

7 地籍調査課等における調査

　地籍調査を行っている箇所は前述のとおり、法務局の地積測量図がないケースも多くみられます。その場合、市役所の地籍調査を取り扱っている部署で図面を入手することができます。ただし、地籍調査について、古い時代（昭和等）に測量を行っているものは座標値が入った図面がないケースもあります。

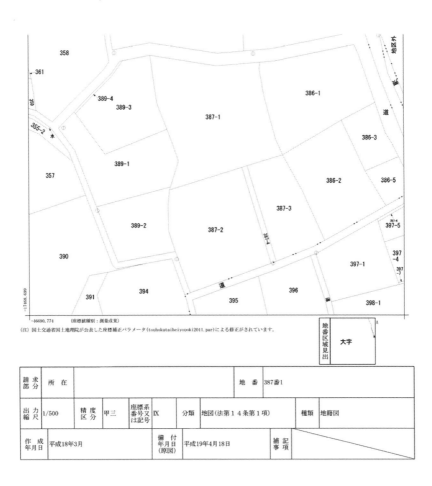

請　求 部　分	所　在					地　番	387番1			
出　力 縮　尺	1/500	精　度 区　分	甲三	座標系 番号又 は記号	IX	分類	地図（法第１４条第１項）		種類	地籍図
作　成 年月日	平成18年3月			備　付 年月日 （原図）	平成19年4月18日		補　記 事　項			

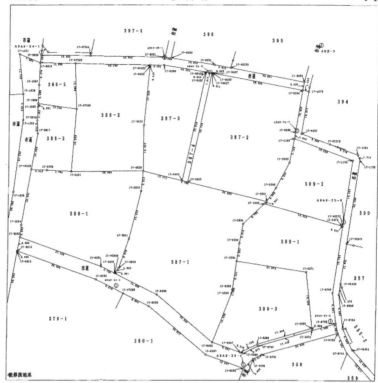

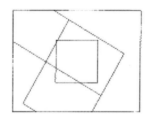

世界測地系

所在			
点番	X座標値	Y座標値	辺長 (m)
17-1564	-17	-46	3.596
17-*5420	-17	-46	16.591
17-5420	-17	-46	4.942
17-5421	-17	-46	7.784
17-5828	-17	-46	22.565
17-5832	-17	-46	5.915
17-5831	-17	-46	14.476
17-5830	-17	-46	9.078
17-5829	-17	-46	1.952
17-*5829	-17	-46	0.091
17-0294	-17	-46	4.738
17-0292	-17	-46	27.126

所在			
点番	X座標値	Y座標値	辺長 (m)
17-*7539	-17	-46	18.358
17-*7538	-17	-46	13.360
17-*5422	-17	46	23.460
17-5422	-17	-46	0.410
17-5423	-17	-46	17.252
17-5828	-17	-46	13.539
17-5431	-17	-46	22.566

地籍調査の図面は上記のように複数筆がまとまっているケースもありますが、1筆ごとに申請を出すケースもあります。下記は1筆ごとの図面です。

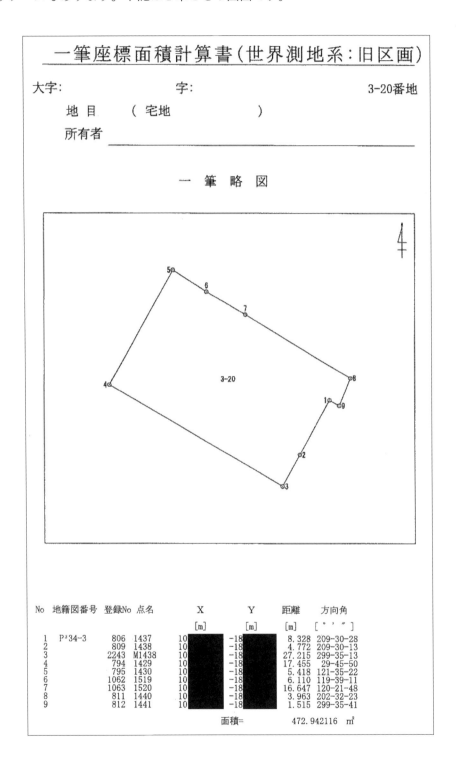

```
            地 籍 調 査            交    付
                         成 果 品              申 請 書
            境 界 確 定            閲    覧

                                    平成   年   月   日

（提出先）███████市長

                    申 請 者 住 所

                         氏  名

                         電  話

    次 の と お り 申 請 し ま す 。
```

申 請 成 果 品	□地籍図　　□面積計算書　　□図根点成果簿 □図根点網図　□筆界点番号図 □境界確定図　　□筆界点成果簿(座標値)　□その他				
	大　字	字	地　番	所 有 者	地籍図番号
申 請 場 所					
目　　的					
	図 面 番 号			受 付 者	

また、地籍調査状況マップの HP から、地籍調査を行っている地域を確認することができます（http : //www.chiseki.go.jp/map/）。

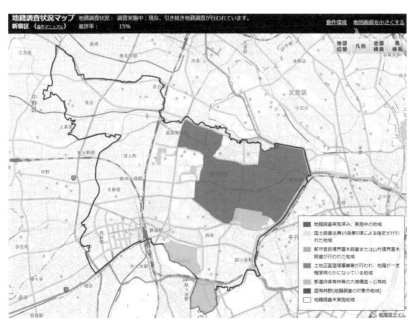

地籍調査を行っている地域でも座標が「日本測地系」の場合、世界測地系に変換する必要があります。その場合、下記の国土地理院のサイトを使用して変換します。座標の系番号は地図が表示されますので、そこから選択します。

（https：//vldb.gsi.go.jp/sokuchi/surveycalc/tky2jgd/main.html）

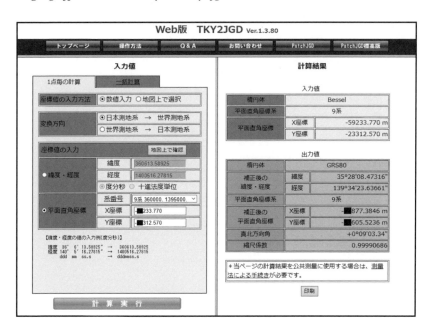

また、地震（東日本大震災や熊本地震等）によって座標に若干の変更が生じている場合もあります。下記はその変更を修正するための HP です。

（https : //vldb.gsi.go.jp/sokuchi/surveycalc/patchjgd/index.html）

8 土砂災害特別警戒区域の調査

　直近の改正点として、土砂災害特別警戒区域に指定されている箇所について、減額補正を行うこととなりました。土砂災害特別警戒区域については第3部で詳しく述べることとしますが、まずはインターネットで土砂災害特別警戒区域に該当するかを調べましょう。

　土砂災害特別警戒区域に指定されているか否かは国土交通省のHPから調べることができます。窓口は都道府県の機関になることが多いようです。

(https://www.mlit.go.jp/river/sabo/link_dosya_kiken.html)

9 その他の課における調査

1 文化財課（生涯学習課等）

　埋蔵文化財の有無について調査します。埋蔵文化財包蔵地については建替えの際、試掘調査等が指示され、調査費用（80%）を控除するケースも考えられますが、「試掘の結果、埋蔵文化財が確実にあり、本掘調査が必要」等のケースに該当しないと控除は難しいでしょう。

2 環境保全課

　土壌汚染について、土壌汚染対策法上の要措置区域、形質変更時届出区域に指定されているか否かを調査します。他にも環境確保条例における指定作業場、水質汚濁防止法における工場、作業場の指定があるかも調べられます。

3 下水道課

　下水道課では、下水道法における工場や作業場の指定を確認することができます。

Ⅳ 現地調査のポイント

1 現地調査に持参するもの

　現地調査に向かう際には、事前に法務局や役所で入手した資料、住宅地図、カメラ、メジャー（コンベックス）、巻尺、レーザー距離計等を持参し、現地調査をします。

　他にウォーキングメジャー等があってもよいでしょう。

■レーザー距離計　　　■コンベックスメジャー　■巻尺

2 道路の調査

　対象不動産が面する道路について、公道（県道・市道等）であれば道路台帳で幅員を確認することができますが、私道の場合は道路台帳に掲載されていないため、メジャー等を使って計測することになります。ほぼ4m未満の42条2項の道路が多いのですが、42条1項1号道路であっても、自主的に道路後退を行っている場合もありますので注意が必要です（事前に公図で道路部分の筆の所有者を登記簿から確認することも重要です）。

　また、レーザー距離計は幅員等を測る際も使えますが、晴れている日中はレーザーが届かないことが多いため、曇天や日が暮れる前くらいの時間帯が適しています。

3 対象不動産の調査

1 境界の調査

　対象不動産について、公図や地積測量図を基に形状や高低差等を確認します。また、道路や筆との境界についても確認をしましょう。

2 評価単位の調査

評価単位について、現況主義であることから、合理的に面積を算定するケースもあります。

1 自宅と駐車場を分けるケース

下記の写真は左から自宅敷地、駐車場、賃貸共同住宅と並んでいます。自宅敷地と駐車場分は筆は1筆でしたが、地目別で分ける必要がありました。この場合、奥行等を巻尺で計測し、面積を査定しました。

2 複数の貸家が建ち並ぶケース

　下記は複数の賃貸共同住宅の敷地で、建築図面を基に評価単位を分けたものです。法務局の地積測量図に記載されていた座標から全体を復元し、重ね合わせることで、貸家建築の際、さらに道路後退を行っていたことがわかりました。これにより、通り抜け私道としてゼロ評価とし、有効部分をもって評価しました。

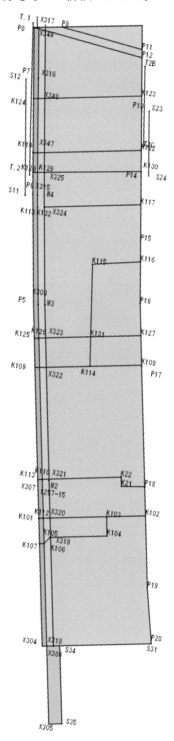

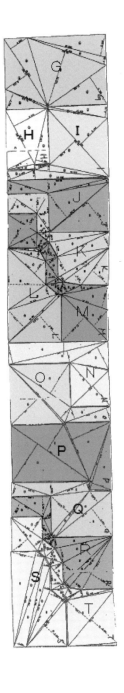

③ 自宅等の中に庭内神しが存するケース

　庭内神しとは、一般に屋敷内にある神の社や祠等といった、ご神体を祀り日常礼拝の用に供しているものをいい、ご神体とは不動尊、地蔵尊、道祖神、庚申塔、稲荷等で特定の者又は地域住民等の信仰の対象とされているものをいいます。

　「庭内神し」の敷地やその附属設備については、ただちに相続税の非課税財産に該当するとはいえません。しかし、①「庭内神し」の設備とその敷地、附属設備との位置関係やその設備の敷地への定着性その他それらの現況等といった外形や、②その設備及びその附属設備等の建立の経緯・目的、③現在の礼拝の態様等も踏まえた上でのその設備及び附属設備等の機能の面から、その設備と社会通念上一体の物として日常礼拝の対象とされているといってよい程度に密接不可分の関係にある相当範囲の敷地や附属設備である場合には、その敷地及び附属設備は、その設備と一体の物として相続税の非課税財産に該当します。（国税庁HPより）

　庭内神しは上記記載のように、条件を満たすことで非課税になることから、現地にてコンベックスメジャー等で簡易計測し、面積を査定します。

　その際、公図や測量図に書き込めるように、対象地の中でどの位置にあるか、現地をきちんと確認するようにしましょう。

3 減価要因の見つけ方

　対象不動産について、財産評価を適切に行うことは重要ですが、それ以上に「時価はどの程度の評価額なのか？」という観点から対象不動産を確認することも大事です。ここでは現地調査において特に注意すべきケースを紹介します。

1 高低差が著しいケース

　下の写真は自用地ですが、前面道路が階段状となっており、さらに敷地内部においても高低差が見られるケースでした。規模は300m²程度で比較的規模は大きい土地ですが、500m²未満であるため規模格差補正率の適用もなく、通常の財産評価ではあまり減額ができない土地でした。

　一方、鑑定評価による時価評価では、需要者は不動産業者が想定され、擁壁工事で造成費用が著しく嵩むことから、鑑定評価額は路線価評価を著しく下回ることとなりました。

2 古い擁壁が存するケース

　次のページの写真は擁壁が存しますが、途中で色が変わっており、当初の擁壁から重ねて擁壁が築造されており、このような擁壁を「増積擁壁」といいます。

　このような擁壁は安全性が確保されていないため、造成工事等を行う際は既存擁壁を取り壊し、擁壁を再築する必要があります。その場合、造成費が著しく嵩むこととなるため、大きな減価要因となります。

このような増積擁壁のほかに、再築の可能性があるものとして「ガンタ積擁壁」、「大谷石擁壁」、「玉石積擁壁」などがあります。これらは、同様に造成費が嵩むこととなるため、擁壁がある場合は、現地で確認することが重要です。

③ 路線価が安い地域における大規模地

下の写真は自宅敷地ですが、路線価が安い地域に存しており、大規模な土地でした。規模格差補正率も適用できる土地ですが、有効率及び宅地造成工事費用を考えると、路線価評価額よりも安い評価となります。このように路線価が安い地域では平坦な土地であっても、造成費の占める割合が高くなる点がポイントになります。

4 接道間口を満たさない建築確認不可の土地

　下の写真の土地は、間口が約0.9mで、奥に進むに従って、より細くなっており、有効間口は0.75mとなっています。このような土地は、建物の再建築を行うことはできません。

　税務上の財産評価では間口4.0m未満は全て同じ補正率になっており、建物が建てられない減価を反映することができないことから、このような土地は鑑定評価による時価評価を行うべきと思われます。

■間口狭小補正率表

地区区分／間口距離 m	ビル街	高度商業	繁華街	普通商業・併用住宅	普通住宅	中小工場	大工場
4 未満	—	0.85	0.90	0.90	0.90	0.80	0.80
4 以上 6 未満	—	0.94	1.00	0.97	0.94	0.85	0.85
6 〃 8 〃	—	0.97		1.00	0.97	0.90	0.90
8 〃 10 〃	0.95	1.00			1.00	0.95	0.95
10 〃 16 〃	0.97					1.00	0.97
16 〃 22 〃	0.98						0.98
22 〃 28 〃	0.99						0.99
28 〃	1.00						1.00

第 2 部

土地をより正確に把握するためのCADソフト活用術

Ⅰ CADソフトの概要

1 財産評価で CAD ソフトを使う意味

　財産評価で土地評価を行う際に有効なのが CAD ソフトです。公図等のコピーを基に手書き
で想定整形地を描き、三角スケールで計測してもよいのですが、第 1 部でも述べたように、公
図は精度が重要となるため、そのままコピーして三角スケールで計測すると間口等も実際とは
異なってしまうこととなります。

　一方、CAD で作図した図面のメリットとして、描いた図形を面積調整することから、1/600
等の精度が劣る公図であるとしても面積調整後、現況と間口等が概ね合致しているかを確認す
ることができます。

　また、見映えの面でも手書きの図面より大きく向上し、見やすく説得力がある図面になり、
三角スケールによる検証等も行いやすいものとなります。

2 CAD ソフトとは

　CAD（キャド）とは Computer Aided Design の頭文字からとったもので、コンピュータで
設計することを指し、建築や製造等の現場で設計や製図を支援するソフトです。

3 財産評価に適した CAD ソフト

1 AP-CAD

　AP-CAD は、筆者が勤務する株式会社東京アプレイザルで販売している CAD ソフトで使い
やすさに優れています。財産評価用に開発されたソフトであるため、かげ地割合測定機能や路
線価記号が内包されています。簡易 CAD であるため、座標を読み込む機能がない、また A4
サイズのみの印刷に限られるなどの制約はありますが、作図の自由度が高く、図形や文字の配
置を自由に配置できることは大きな長所です。

2 Jw_cad

　Jw_cad は、無料のソフトで建築業界でも多く使用されているソフトです。関連する書籍も
多く出版されていますが、建築のための書籍が多いため、一からこのソフトを使用して財産評
価を行うことはやや難易度が高いと思われます。

このほか、AutoCAD や Vectorworks などの有料ソフトや他の無料 CAD ソフトもありますが、財産評価用とはいえず、難易度も高めですので、CAD を使いこなせる中級〜上級者向けかと思われます。

Ⅱ CAD による作図のイメージ

1 CAD の仕組み

　CAD ソフトは公図等の図面を読み込み、対象地をマウスを使用してなぞり（この作業を「トレース」といいます）、形状を作成した後に面積（登記簿や地積測量図、実測図面積等）の調整を行い、その上で間口・奥行等を計測し、想定整形地の作成等の作図作業を行っていくことになります。基本的には多角形や線の作図が中心となりますが、文字の入力等も行うことができます。

2 レイヤーのイメージ

　CAD ソフトの概念で「レイヤー」と言われているものがあります。こちらはイラスト系ソフト等でも登場する概念ですが、CAD 上の作業場所の階層を意味します。イメージとしては下記のようにシートが重ねられている状態で、作業の際はそれぞれ場所を選ぶ形になります。

　1つのレイヤー（作業場所）を選択しているときは他のレイヤーには影響を与えませんので、必要に応じてレイヤーを切り替え、作業を行うことが重要です。

■レイヤーのイメージ

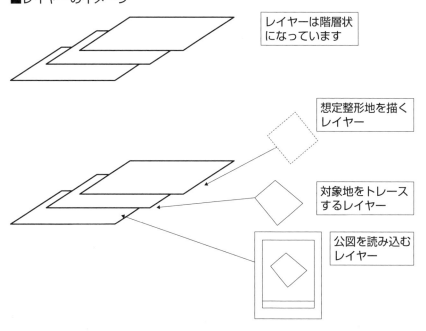

レイヤーは階層状
になっています

想定整形地を描く
レイヤー

対象地をトレース
するレイヤー

公図を読み込む
レイヤー

Ⅲ 便利なフリーソフト

ここではフリーの CAD ソフトや作図に役立つフリーソフトを紹介します。

1 編集が可能な PDF ビューワー

CAD ソフトで下図として取り込めるのは画像ファイルに限られることも多く、PDF ファイルは取り込むことはできません。一方、公図や地積測量図は「登記情報提供サービス」の HP から取得できますが、こちらのサービスで取得できるデータ形式は PDF ファイルとなっています。

これらのファイルを印刷し、スキャナーで取り込んでいては手間がかかります。そこで、フリーソフトを活用することで簡単に画像データに変換することができます。

まず、インターネットで「PDF-Xchange Viewer」を検索すると、「窓の杜」「vector」等のフリーソフトを取り扱うサイトが上位に表示されます。いずれかの HP から、ソフトをダウンロードします。

ソフトをダウンロードし、PDF ファイルを当該ソフトで今後開くように設定すると、次回以降は PDF ファイルは PDF-Xchange Viewer を使って開かれることとなります。既定のソフトに設定しない場合は右クリックで「プログラムから開く」を用いて当該ソフトでファイルを開きます。

なお、デスクトップには、次のようなアイコンが出てきます。

1 画像変換

任意の PDF ファイルを開きます。画面左上の「ファイル」タブをクリックし、「エクスポート」を選択し、次に「イメージへエクスポート」を選択します。

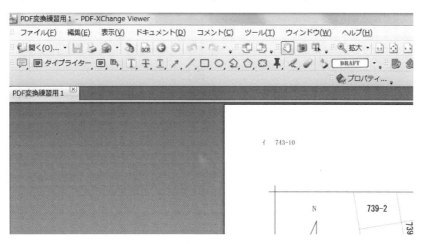

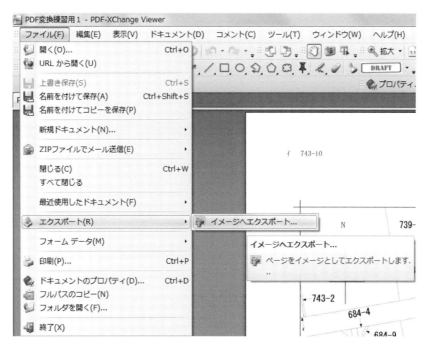

イメージの種類(bmp、jpg 等)、保存先、ファイル名、ズーム、解像度を指定し、エクスポートします。そうすると、指定したフォルダの中に画像変換されたファイルが作成されます。

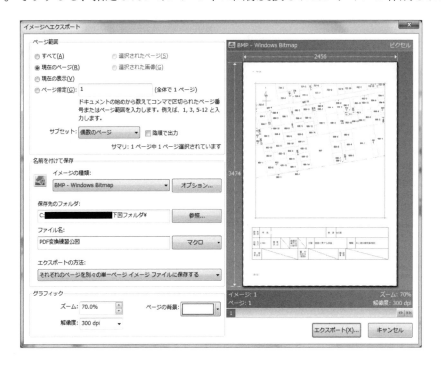

2 図面に色付けを行う

　上記で使用した PDF-XChange Viewer はファイルに図形を挿入することができるため、この機能を使って AP–CAD で作成した図面（PDF で保存したもの）に色付け等を行うことができます。

　まず、PDF-XChange Viewer の上部は下記のようなアイコンが並んでいます。その中に多角形を作成するツールがあります（表示されていない場合は画面上部の「ツール」タブから「コメントとマークアップツール」を選択し、その中の「コメントとマークアップツールバーを表示」にチェックを入れます）。

任意の PDF ファイルを開き、多角形で対象地をなぞっていきます。各頂点をクリックし、最後はダブルクリックで確定します。確定すると線が波打つ形になりますので、右クリック（またはキーボードのメニューキーを押す）をし、プロパティを選択します。

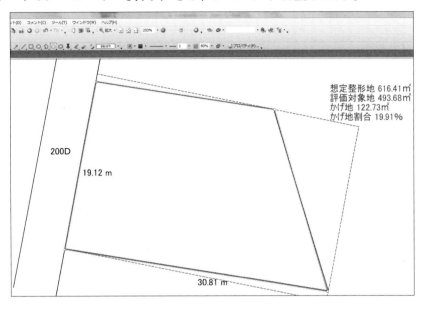

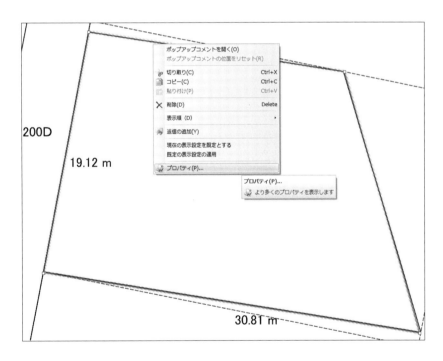

多角形のプロパティが表示されますので、枠の幅は「0」に、塗りつぶしの色を任意の色に設定します（枠の幅は既に CAD で描いていることから、PDF で枠を設定する必要はありません）。

透明度は20％刻みで選択できますが、間口等の文字が見えるように20％程度がよいでしょう（この透明度は手入力（10％等）でも変えることができます）。

塗りつぶしの色を黄色、透明度を20％にすると下記のようになります。

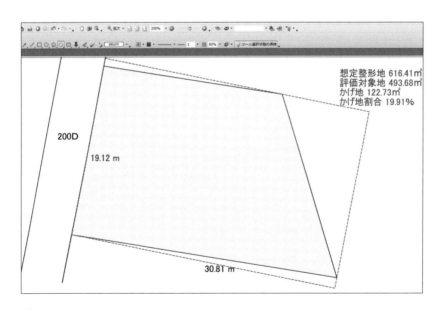

セットバックも色塗りするとこのような感じになります。

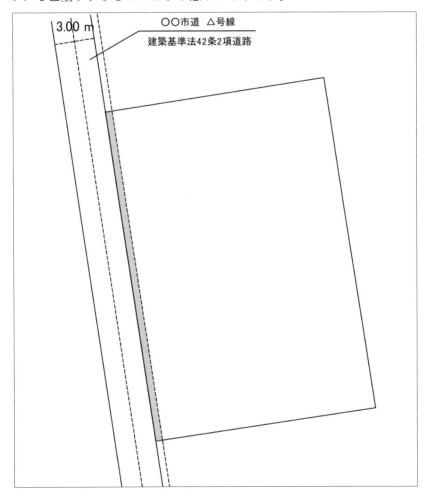

2 キャプチャーソフト

　キャプチャーとは、PC のディスプレーに表示されている画面を画像ファイルとして保存することをいいます。

　キャプチャーソフトは PC のキーボードにある「printsc（PrintScreen）」とは異なり、画面全体ではなく矩形で範囲を指定できるため、例えば路線価図を組み合わせて Excel 等に貼り付けて 1 つの図にすることができます。また、CAD 上で下図のようなものを作成する際には、登記情報提供サービスで取得した公図や地積測量図について、必要な箇所だけを矩形で抜き出し、画像化できるため、上記の PDF XchangeViewer よりも早く画像ファイル化できます。

　今回は Rapture を使用して画像化してみます。

※Rapture はフリーソフトでキャプチャー用ソフトになります。上記の PDF Xchange Viewer 同様、窓の杜や vector 等のサイトでダウンロードすることが可能です。

公図を PDF で開き、拡大させます。

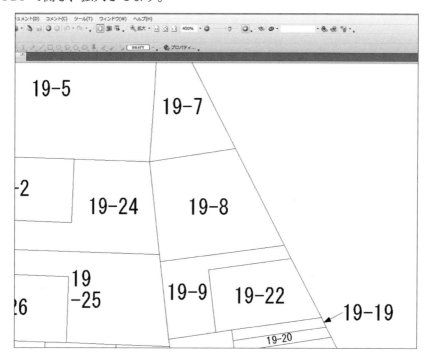

　対象地周辺を Rapture でキャプチャー（おにぎりのマークでドラッグする）し、画像ファイル形式で保存することで素早く下図のように作成することができます。

　フリーソフトの Jw_cad は財産評価に特化しているわけではありませんが、座標から図面を復元することが可能です。座標から図面を復元することは比較的容易にできますので、ぜひこの機会に修習してみてください。本書では初歩レベルの操作を説明します。

1 ソフトのダウンロードとインストール

　Jw_cad は下記の HP でダウンロードができます（インターネットで「jw cad」と検索します）。

　HP（http：//www.jwcad.net/）で「ダウンロード」をクリックします。

Welcome to Jww Home Page

Jw_cadはWindows 7, 8, 10 上で動作する2次元汎用CADです。

Version 8.24aを登録しました (2021/05/18)

Version 8.24 を登録しました (2021/05/09)

Version 8.23 を登録しました (2021/03/10)

● バージョン情報

● 情報交換室

● ダウンロード

● 著作権及び使用条件

Jw_cad Copyright (C)1997-2021 Jiro Shimizu & Yoshifumi Tanaka

ダウンロードページから最新版の「jwcad.net」をクリックするとダウンロードが始まります。ソフトをダウンロードし、実行ファイルを実行して PC にインストールしてください。

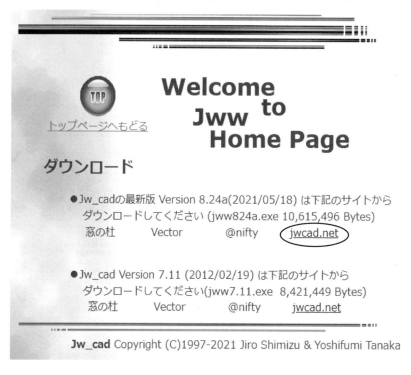

2 基本操作

ソフトを立ち上げると下記の画面が出てきます。まずは直線を描いてみましょう。

1 直線を描く

座標から図面を復元するためには直線を引く操作が必要になります。

ソフトを立ち上げた段階で、下記の○印がついた箇所（／マーク）が選択されていますが、こちらが直線を描く機能になります。

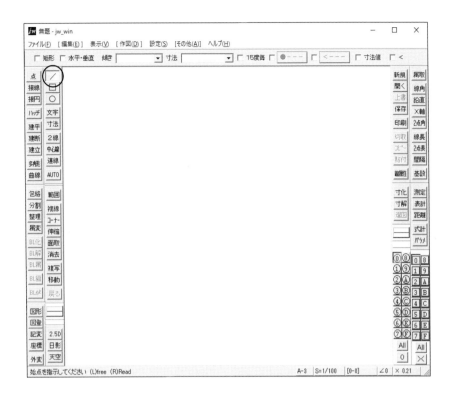

直線を引くには左クリックで始点、終点を決定します。

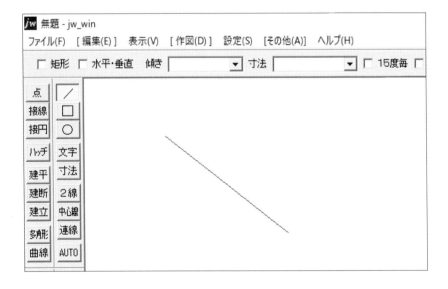

すでに引いた直線の頂点から線を引くには右クリックでスナップ（吸着）させ、始点とします。

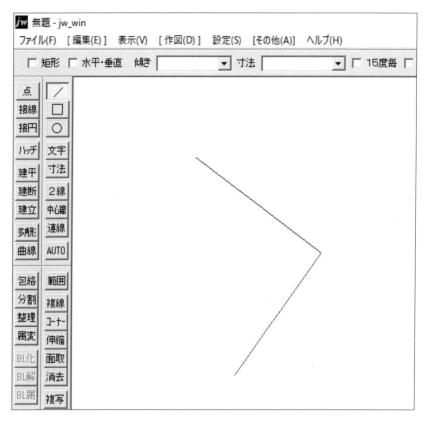

直線の基本操作を身につけることができました。

直線はフリーハンドで線を描くこともできますが、水平・垂直に線を引いたり、任意の線に対して垂直線を引いたりもできます。

水平・垂直に線を引くには、画面上部の「水平・垂直」欄にチェックを入れます。
そして任意の場所から線を引くと、水平・垂直の線を引くことができます。

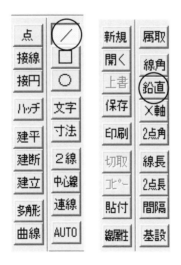

　また、既に引いてある線に対して垂直線を引きたい場合には、画面右にある「鉛直」をクリックし、既存の線をクリックすると当該直線に対する垂直の傾きを取得することができ、当該直線に対する垂直の線を引くことができます。

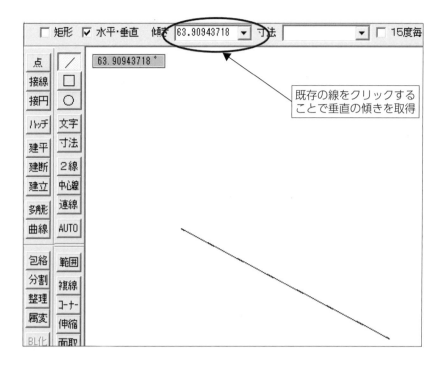

既存の線をクリックすることで垂直の傾きを取得

そのまま任意の線を引くことで
垂直線を引くことができます。

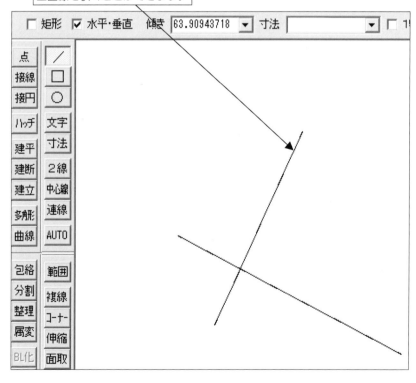

　この方法を使うことで、後述の三斜を復元する際に三角形の高さ部分の線を引くことができ
ます。

2 削除する

削除を行う場合は画面左の「消去」をクリックします。

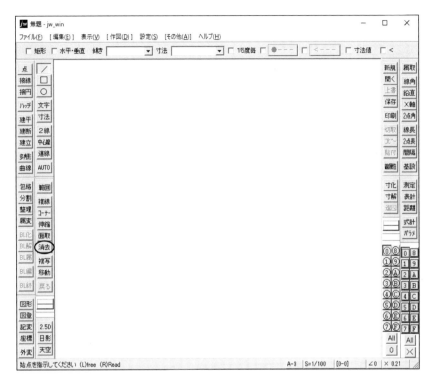

削除したい部分について、クリックするとピンク色に変わります。

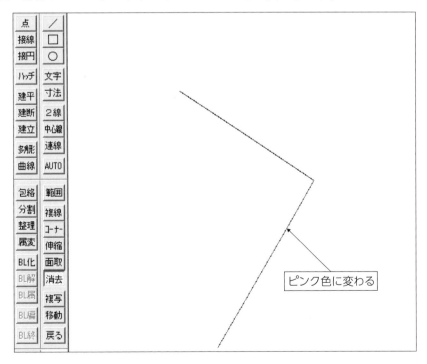

ピンク色に変わる

その後、「Delete キー」をクリックすると削除されます。また、左クリックをする前の段階で削除対象を右クリックしても、そのクリックのみで削除できます。

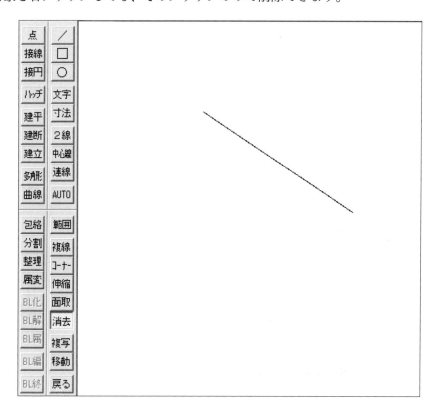

画面の拡大・縮小を、マウスのスクロールによって行えるように設定します。
まず、上部の「設定」をクリックします。

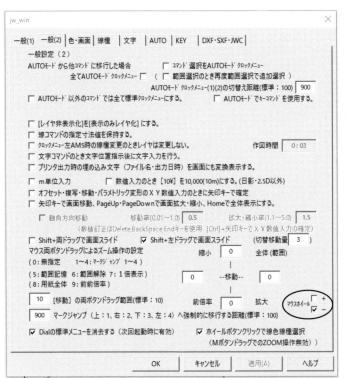

「設定」タブから「基本設定」「一般（2）」タブの右下にあるマウスホイールの部分でマイナスにチェックを入れます。このようにすることでマウスのスクロールで拡大・縮小ができるようになります。

座標ファイルの作成

　座標ファイルは一般的な PC に内蔵されているメモ帳ソフトを使用して作成します。

　「メモ帳」ソフトを立ち上げ、X 座標、Y 座標（間に半角スペース）を入力し、「″」で座標ポイントの名称を記入し、名前を付けて保存します。

　まずは、下図のとおり座標数値を入力し、ファイルを作成してください。

　次に Jw_cad の上部にある「その他」タブから「座標ファイル」を選択します。

そして「ファイル名設定」から任意の座標ファイルを選択します。

「mm 単位読書」をクリックし、「m 単位読書」に切り替えます。

「YX 座標読込をクリックすると「基準位置座標」が表示され、座標ファイルの中の数字が表示されるのでその座標を選択します。

読み込んだ座標ファイルの線が赤線で表示されるのでそのまま適当な位置でクリックします。

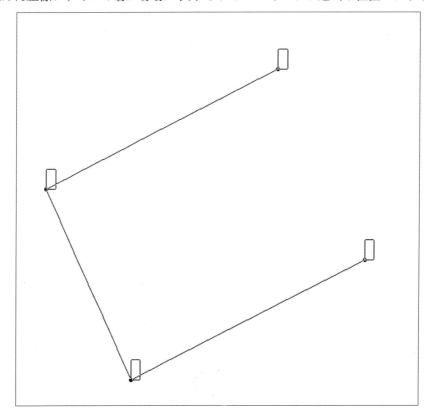

黒の実線で張り付きます。座標ファイルで入力した座標ポイントも頂点に表示されています。

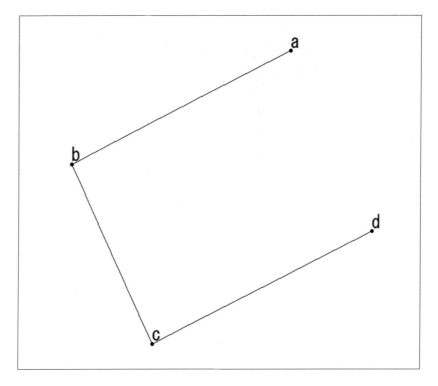

次に辺のうち、線が引かれていない部分（点 ad 間）について線を引くことにします。画面左にある直線ツールをクリックし、点 a について右クリックすることでスナップ（吸着）しますので、同様に点 d にカーソルを近づけ、右クリックすることで辺を描くことができます。

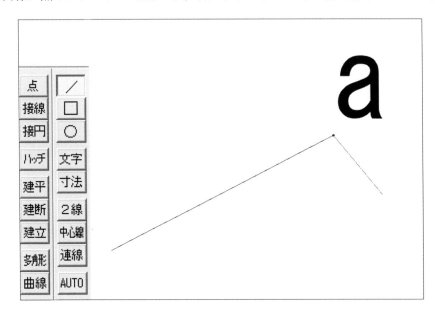

　完成形は、次の図のような形になります。

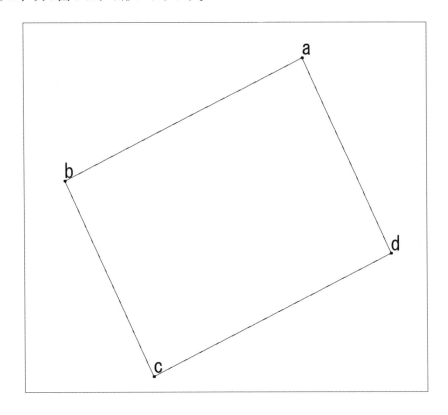

4 面積や長さの計測

次に面積や辺の長さを測定してみましょう。画面右にある測定ツールをクリックし、画面上に表示される「距離測定」「面積測定」等を選択してクリックします。

小数点がデフォルトでは小数点以下3桁に設定されていますが、クリックすることで変更することができます。

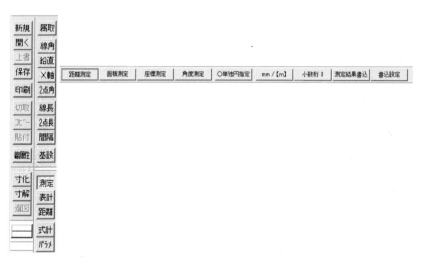

面積測定をクリックし、小数点は数回クリックすることで「小数点F」になります。

各頂点を右クリックし、4点クリックしたら「測定結果書込」をクリックし、任意の箇所でクリックすると測定結果が表示されます。

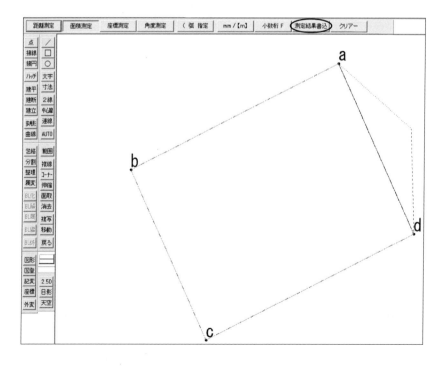

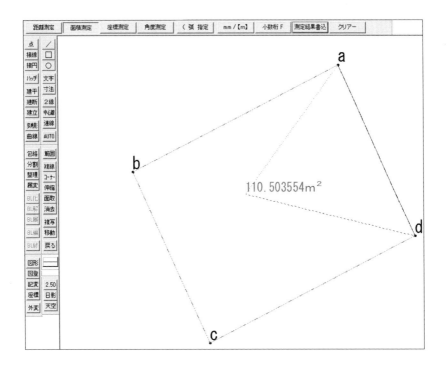

書込みが終わったら「クリアー」をクリックし、測定を終了します。

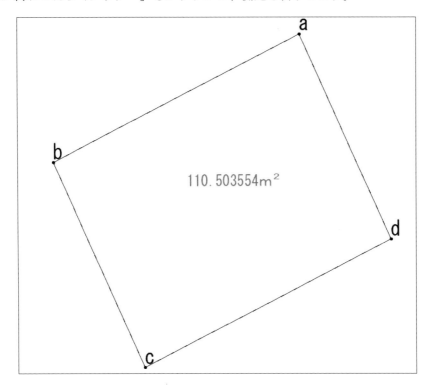

同様に各辺の長さ（距離測定）を測定すると下図のようになります。

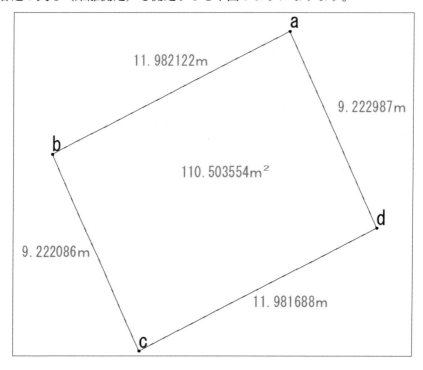

　依頼者からお預かりする資料の中には、古い図面で紙が傷んでいたり、分厚い冊子に綴じられているなどにより、コピーが難しいケースもあります。そのような場合は図面を復元することにより、CAD作図の際の下図とすることができます。

　かつて筆者が図面を復元したものは、建築の設計図書の中にある測量図について、分厚い設計図書から切り離せず、コピーができない場合でした。

　それほど複雑な形状の土地でなければ、復元をしてもよいと思います。

　練習として、下記の測量図を復元します。2つの三角形から構成された四角形です。

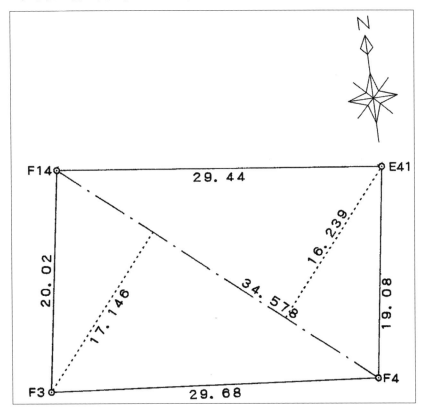

　まず、下の辺が29.68mとされているため、Jw_CADで「29680」と入力し、線長を指定した直線を描きます（Jw_cadの寸法はミリメートル単位）。

　次に、左下の三角形の他の辺がそれぞれ20.02m、34.578mであることから、円ツールでそれぞれの辺の長さの半径を指定し、円を描きます。

　三角形の決定条件の1つとして「三辺の長さが与えられる」という条件がありますので、三辺の長さがわかれば三角形は定まります。円と円の交点と先ほどの辺の頂点を結び（Jw_CADのスナップは右クリック）、三角形を作成しましょう。

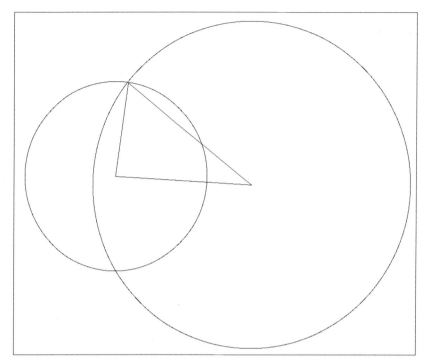

同様に右上の三角形も辺の長さに対応した円を描き、接点を結び、三角形を作成します。

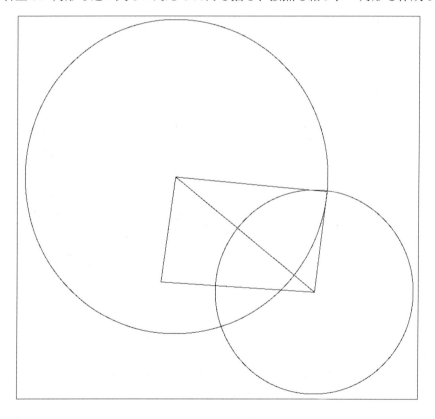

2つの三角形が描けたら円を削除し、四角形の完成です。

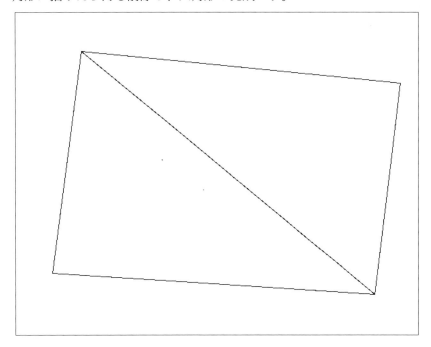

　長さを計測すると下記のようになりました。三角形の三辺は指定した長さなので測量図と合致していますが、三角形の高さの長さがやや異なっています。

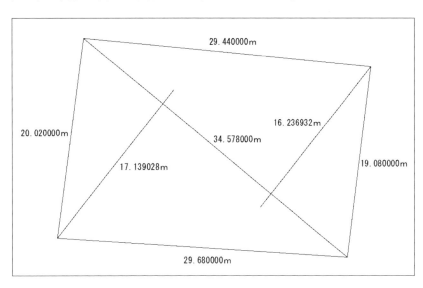

5 Jw_cad についてのまとめ

　Jw_cad はフリーソフトでありながらも建築業界では多く使われているソフトであるため、解説書も多数出版されています。一方、基本的に建築・機械系の製図で利用されており、財産評価のための Jw_cad に関する書籍は発行されていないのが現状です。

　したがって、財産評価のために Jw_cad を独学することは、かなり根気が必要になります。本書では、Jw_cad については初歩の説明のみになりましたが、よりスキルアップを目指す方は市販の書籍から基本操作を独習し、財産評価に応用されることをお薦めします。

　個人的には簡易 CAD である AP-CAD は普段使いに、座標などを用いたりする場合は Jw_cad にするなど、案件に応じて使用するとよいと考えます。

Ⅳ CAD による作図のポイント

　ここからは CAD による作図ポイントを解説します。ここでは、筆者が勤務する株式会社東京アプレイザルで販売する AP-CAD をイメージしてポイントを述べますが、他の CAD に慣れていらっしゃる方は同様の作業をイメージし、慣れている CAD に合わせて作図を行ってみてください（例えば、隅切りなどは Jw_cad 等では面取り機能等を使うことでより簡単に作図ができます）。

1　AP-CAD の基本的な操作方法
　1．AP-CAD の画面説明
　2．AP-CAD における各キーの使い方

2　AP-CAD の作図方法
　1．下図のトレース
　2．前面道路の作成
　3．想定整形地の描き方
　4．屈折した道路の場合の想定整形地の作成
　5．屈折路か角地かの判断（角度測定ツール）
　6．セットバック面積査定
　7．道路幅員が一律でない場合のセットバック
　8．容積率の按分計算
　9．無道路地の評価
　10．面積調整機能を活用し、残地面積を推定する
　11．無地番の官有地における面積割合の計測
　12．隅切りの作成〜ケーススタディ
　13．持分が混合している場合の各筆割合を計算する
　14．近似整形地の作成〜ケーススタディ
　15．座標値がある公図から縮尺を合わせ、面積を推定する

3　便利なテクニック
　1．図形の微調整
　2．線長編集
　3．トレースモード
　4．路線価記号の回転とテキストツールの組み合わせ
　5．道路幅員等を示す矢印の作成

1 AP-CAD の基本的な操作方法

1 AP-CAD の画面説明

　AP-CAD をインストールし、立ち上げると下記の画面が立ち上がります。

　画面の上側は各ツールや倍率、縮尺、ファイル関連のアイコンが表示されています。また、左側にはレイヤーが表示されています。

1 代表的な各ツール

選択ツール…図形や文字列などを選択する際に使います。選択するには図形上の辺をクリックするか、ドラッグで触れることで選択されます。

多角形ツール…多角形の図形を作成する際に使います。基本的にこのツールを使って対象不動産を描いていきます。左クリックで頂点を決め、最後に右クリックをすることで図形を確定させます。

直線ツール…直線を作成する際に使います。このツールで道路等を作成します。

長方形ツール…想定整形地を作成する際に使います。

テキストツール…文字列を作成する際に使います。

 スナップツール…この機能を ON にすることで各頂点にマウスのカーソルが吸着します。

 線種ツール…図形や直線の線の種類を実線、破線、太線に切り替えます。作図後の切り替えも可能です。

 垂線ツール…任意の線に対しての垂直線を作成します。3ステップとなっており、①基準となる任意の線をクリックして選択、②選択した線から左右に垂線を描き、任意の箇所をクリック、③②でクリックした箇所からどこまで延ばすかを決定する、という3ステップで作成します。

 円ツール…任意の箇所をクリックし、マウスを動かすと円が描けます。作図後に半径の設定をすることで任意の箇所から何 m、 という範囲を定めることができるため、円自体の作図そのものよりは任意の距離を設定することにより、図面の復元等に用いることが多いです。

 方位記号…右側の小さい逆三角形をクリックすると任意の方位記号が選べます。選択後、クリックすることで方位記号が貼り付きます。

 路線価記号…右側の小さい逆三角形をクリックすると任意の路線価記号が選べます。選択後、クリックすることで路線価記号が貼り付けられます。また、中をクリックすることで路線価の単価を入力することが可能です。

2 ファイル関連のアイコン

 印刷…このアイコンをクリックすると印刷プレビューを見ることができます。印刷の設定は初期設定のまま使用してください。

 上書き保存…このアイコンをクリックすると上書き保存ができます。まだ名前をつけていない場合は名前をつけて保存することになります。

 開く…このアイコンをクリックするとファイルを PC 上から開きます。

新規作成…このアイコンをクリックするとファイルの新規作成になりますが、現在表示しているファイルは消えてしまうため、注意が必要です。

3 画面の倍率

 画面の倍率については、倍率の箇所をプルダウンすることで50％、75％、100％、200％、400％から選択することができます。

4 縮尺（空間単位）

 縮尺（ソフト上では「空間単位」と表現されています）についても倍率と同様、プルダウンすることで1/250、1/500、1/1000、1/2500、1/5000の縮尺の中から選択することができます（任意の数値（1/600等）を入力することはできません）。

5 レイヤー

 レイヤーは89ページでも述べたように、作業場所の階層を意味しています。AP-CADでは「編集」の箇所にチェックを入れることで作業場所を選ぶ仕様となっています。選択された各レイヤー以外のレイヤーでは作業をすることはできません。これにより、誤動作を防止することができます。

例えば、「想定整形地1」で作業する場合、「ベース図面」で描かれた図面を動かしたりすることはできないため、描いた図形を誤ってクリックしてずらしてしまう、ということは起きません。

また、想定整形地1〜5、及び近似整形地1についてはそれぞれ線の色もレイヤー表示の色に対応しており、機能に違いはありませんので、青い想定整形地を作成したい場合には「想定整形地2」を選択することになります。また、任意のレイヤーを非表示に切り替えたいときは当該レイヤーの「表示」のチェックを外すことで、そのレイヤーに描かれた図形等は非表示になります。

6 サイズ・回転・平行線

① サイズ

文字のフォントについて＋－することで大きくしたり小さくしたりできます。

また、読み込んだ下図をクリックして＋－すると大きさを変えることができます。

② 回転

文字や記号（方位記号、路線価記号）を回転させることができます。方位記号は読み込んだ下図と照合し、どの方角が北になるのかを確認することが重要です。

③ 平行線

道路を作図するとき等に使用します。任意の線をクリックし、下の白いスペースに移動させたい距離（m）を入力し、左右の矢印をクリックするとその方向に線が移動します。道路の対面側の線を作成する際は、予めコピー、貼付けを行うことが必要です。

2 AP-CAD における各キーの使い方

AP-CAD ではさまざまな図形を描いていきますが、その途中で修正を行う場合が多くあります。ここでは代表的なキーを挙げます。

Delete

Delete（デリート）キー…図形やテキスト、記号を選択し、その図形等を消去する場合に使います。

Esc

Esc（エスケープ）キー…多角形等を作成している際、途中まで作成したものを全部消去する場合に使います（多角形、直線、長方形等の各ツール）。

Back Space

BackSpace（バックスペース）キー…多角形等を作成している際、クリックしたものを一つ戻る場合に使います。

Ctrl

Ctrl（コントロール）キー…各ショートカットを使う際に各キーと組み合わせて使います。このショートカットはワードやエクセルなどのソフトと同様です。

例：Ctrl ＋ c：コピー
Ctrl ＋ v：貼り付け
Ctrl ＋ x：切り取り
Ctrl ＋ z：元に戻す
Ctrl ＋ y：やり直す
Ctrl ＋ a：全て選択
Ctrl ＋ p：印刷
Ctrl ＋ s：上書き保存

2 AP-CAD の作図方法

1 下図のトレース

AP-CAD で作成する図形の基となる公図、地積測量図等の図面を「下図」と呼びます。
作図の前に下図の読み込みから始めることになります。

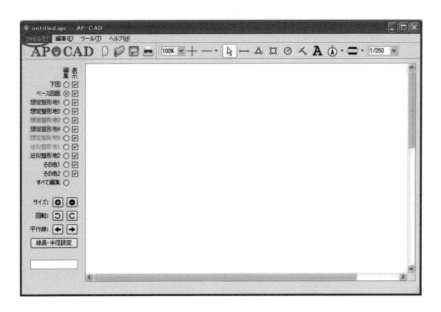

　下図を取り込むためには、まず画面上部の「ファイル」タブをクリックし、「下図」を選択
します。次に下記の画面が出てきますので、任意の公図等（画像ファイル）を選択してくださ
い。

下図を取り込んだ直後の画面です。

　この段階では公図の左上部分のみしか表示されていないため、下図を移動させる必要があります。

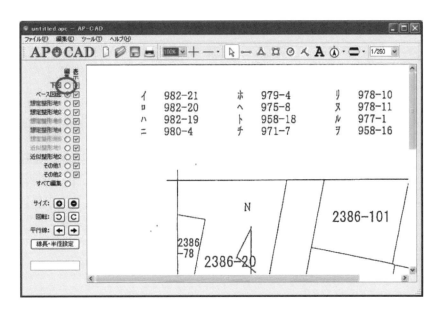

　下図を移動させるためには、上記図面の左側、下図の編集の箇所をクリックすると下図が動かせるようになります。下図を動かし、中央に配置したら「ベース画面」の編集の箇所をクリックし、下図が動かないように固定します。

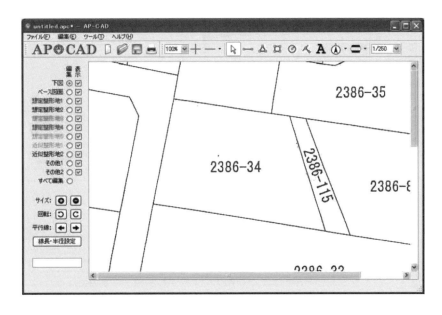

下図を固定したところで、次に対象不動産をCADでなぞっていきます。このようにCADで対象不動産をなぞることを「トレース」といいます。

　トレースの際は、精度が重要となるため、基本的に図面を拡大してなぞることをお勧めします。最大の400％で行うこととします。

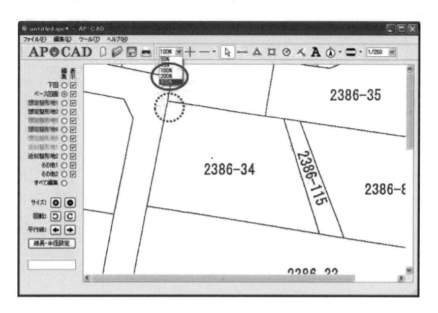

　400％に拡大した状態です。この部分は対象不動産の左上部分の角になります。

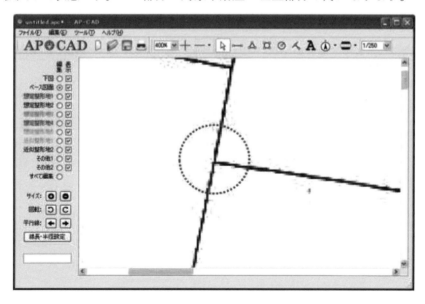

トレースを行う際は「多角形ツール」を使用します。

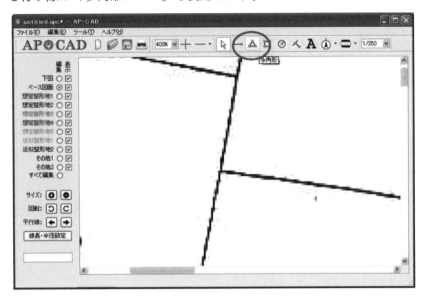

　トレースをスタートさせます。正確に頂点（この例は4つ）をクリックしていきましょう。
最初に左上の頂点をクリックし、次にそのまま右にスライドしていきます（下記図参照）。

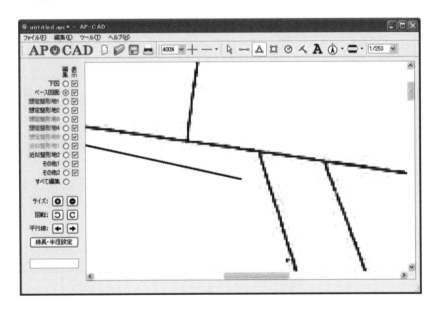

3つ目の頂点です。

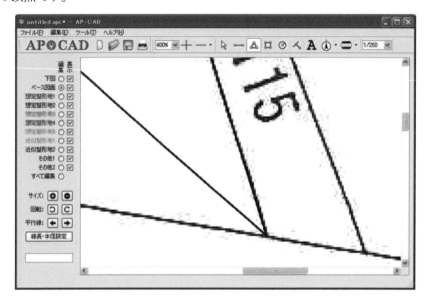

4つ目の頂点をクリックしたら右クリックして下さい。図面が確定します。

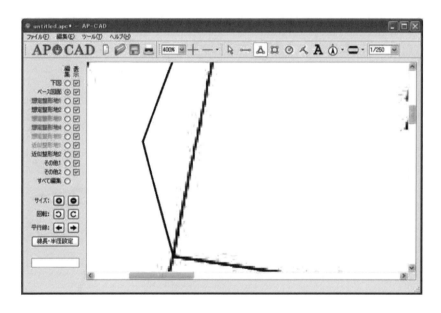

図面を確定させた後、縮尺を100％に戻し、図形をクリックすると図形が選択された状態になります。図面を選択された状態になると画面左下に面積が出てきます。この段階では登記簿等の面積に合致している必要はありません。

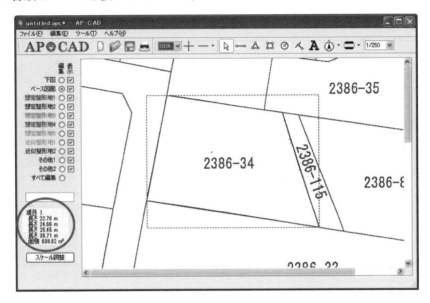

　ここで登記簿の面積と比べてみましょう。登記簿上は493.68m²となっており、登記簿面積とCAD上の面積が異なっているため、面積を調整する必要があります。

所　　在	■■■■丁目			余白
① 地　番	② 地　目	③　地　　積　　㎡		原因及びその日付〔登記の日付〕
２３８６番３４	畑	198		余白
余白	宅地	198	34	②③昭和１６年月日不詳地目変更〔昭和５９年５月２９日〕
余白	余白	1041	31	③２３８６番３７を合筆〔平成５年８月１７日〕
余白	余白	1021	53	③錯誤〔平成５年８月１７日〕
余白	余白	493	68	③２３８６番３４、同番８５に分筆〔平成５年８月１７日〕
余白	余白	余白		昭和６３年法務省令第３７号附則第２条第２項の規定により移記平成１４年５月９日

面積を合わせるには画面左にある空欄に正しい面積を入力し、「スケール調整」をクリックします。

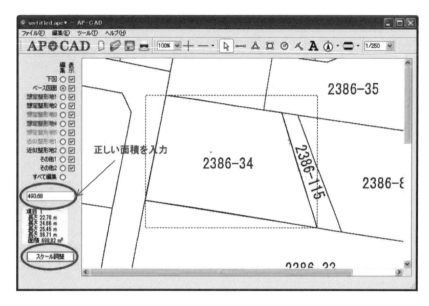

　スケール調整を行うことで面積をはじめ、各項目の数値が変化したことが確認できます。

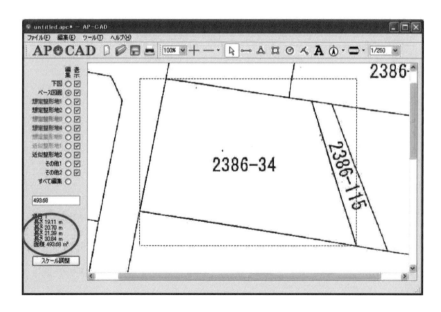

下図について、一度トレースを行った後は表示させる必要はほぼありません。印刷のことを考慮し、非表示とします。画面左側の下図の表示欄のチェックを外して下さい。

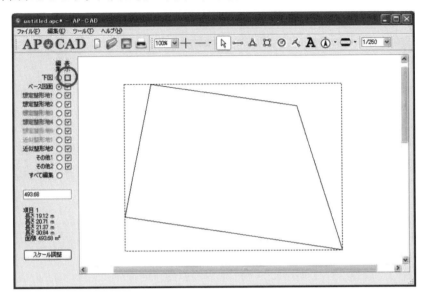

※下図の表示についての注意点

　AP–CAD では下図の画像ファイルを CAD ファイルに取り込んでいる、ということではなく、あくまで PC 上の場所を参照して表示しているため、下図の場所を移動させたり、下図ファイルの名称を変更してしまうと再表示ができなくなりますのでご注意ください。また、下図はネットワーク上に配置するのではなく、デスクトップやマイドキュメント等の HDD 上に下図用フォルダを作成し、その場所から動かさないようにしてください。

2 前面道路の作成

前面道路を作るときは直線ツールを使います。また、スナップ機能を ON にしておきます。

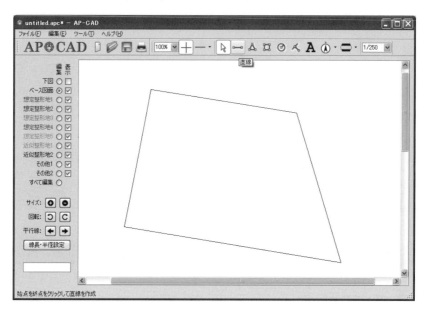

スナップ機能を ON にすることで図形の頂点にカーソルが吸着しますので、吸着させた任意の点から道路に面する辺に重ね、もう1つの任意の点に吸着させてください。

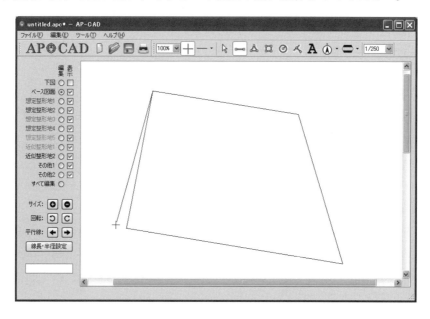

道路に面する辺に直線が引かれました。選択ツールで選択してみましょう。画面左下に19.12と長さが表示されています。

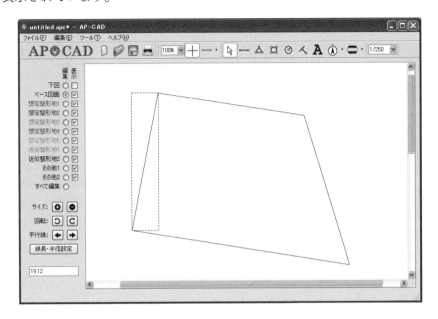

　間口より広い長さ（ここでは30m）を入力し、線分を延ばしてみましょう。次にこの状態でコピー＆ペーストをします（ショートカットの「Ctrl＋c」、「Ctrl＋v」でも可能です）。これでこの場所に2本の線分ができたことになります。

　なお、ドラッグによる選択で線が2本あるかを確認（選択して数字が空白部分に表示されない）することができます。

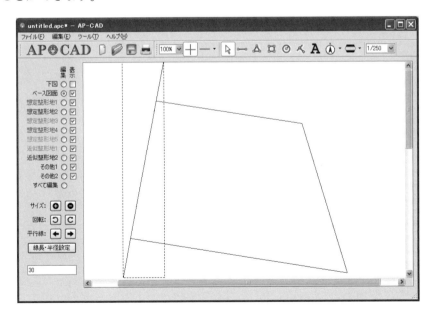

次にコピーした線分を平行移動させます。左下の欄に幅員を入力します。ここでは5mとします。そして、同じく画面左下の平行線ツールの左向きをクリックします。

　すると左側に5m線分が移動します。

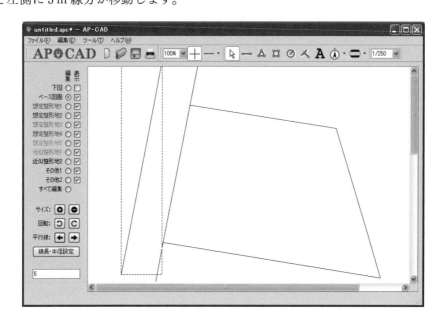

　幅員5mの前面道路ができました。

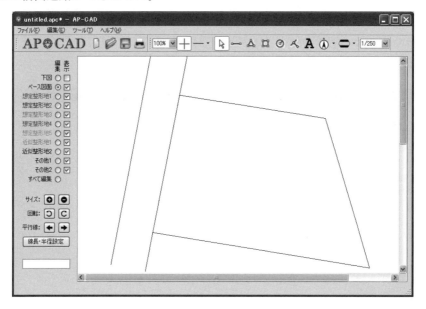

想定整形地は対象地を囲む長方形、又は正方形で作成します。

AP–CAD では「長方形ツール」という機能で作成することとなりますが、Jw_cad では鉛直、直線の機能を使って作図ができます。

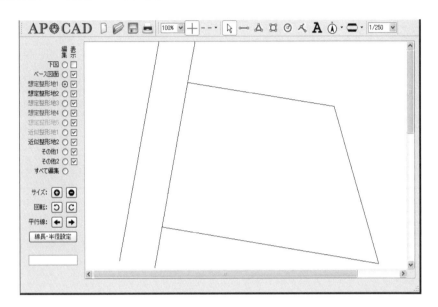

AP–CAD ではまずレイヤーを「想定整形地1」等を選択し、「長方形ツール」を選択します。

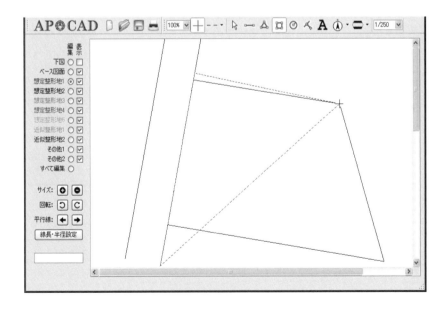

次に前面道路を選択し、前面道路から見て右端、左端をクリックします。

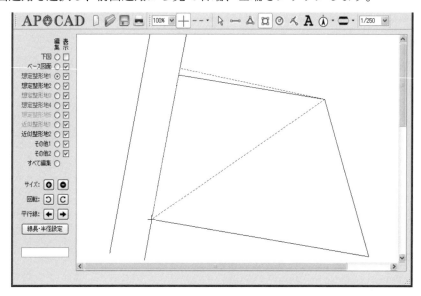

最後に一番奥をクリックすることで、想定整形地が作図できます。

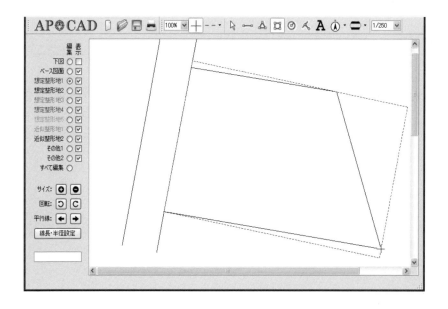

4 屈折した道路の場合の想定整形地の作成

　想定整形地の作成について、上記では基本的な図形（台形）で説明しました。

　しかし、屈折した道路に面する土地のケースの場合、通常の想定整形地の作成方法（前面道路の選択　→　前面道路から見て右端・左端の選択　→　一番奥の選択）では対応できません。

　屈折した道路に面する土地のような場合の想定整形地の作成方法を見ていきましょう。

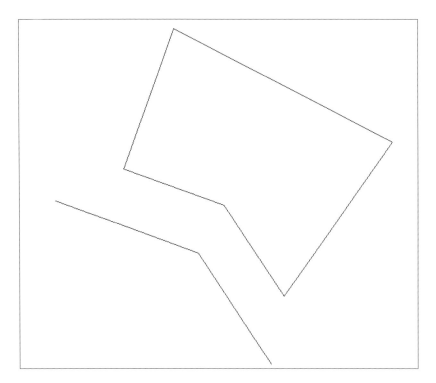

　このままでは前面道路の部分が屈折しているため、想定整形地作成のための前面道路のラインを認識することができません。

　これを解消するには、「補助線」を引く必要があります。直線ツール、スナップツール（AP-CADは画面上部の＋マークをクリック）を使って屈折部分に補助線を引きます。

　線の種類は破線にした方が、対象地との区別がつきやすくなります。

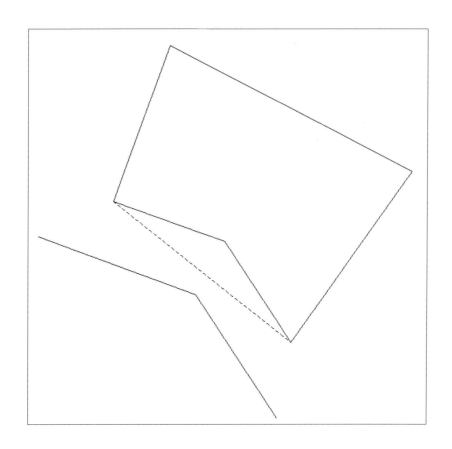

　補助線を引くことで前面道路の認識ができ、無事に想定整形地を描くことができました。

　補助線が想定整形地で隠れてしまいましたが、想定整形地レイヤーを非表示にし、ベース画面レイヤーで補助線は削除しても大丈夫です。

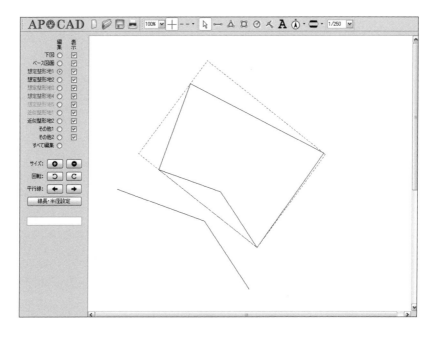

5 屈折路か角地かの判断（角度測定ツール）

屈折路か角地かの判断については角度を測定することで検証を行うことができます。AP–CAD では「角度測定ツール」を使用します。

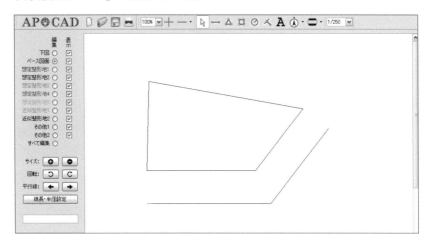

ツールタブの「角度測定」を選択し、計測する角度の二本の線を選択すると、角度（2本の線で構成される鈍角と鋭角）が測定されます。その角度により、屈折路か角地かの判断を行います。第1部の不動産調査実務でも述べたように、角地を構成する角度や道路幅員によっては建蔽率の加算が受けられない地域もあります。

角地か屈折路かの判断について建築基準法の角地加算を受けられるかを根拠とすることは議論がありますが、角度を計測してみることは1つの参考にはなるかと思います。

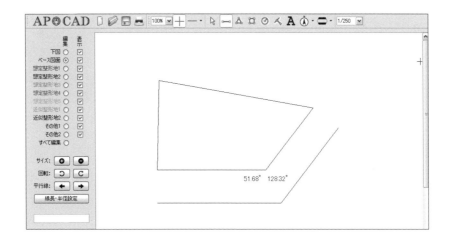

6 セットバック面積査定

セットバック面積（前面道路が建築基準法第42条2項道路等の場合）については、平行線機能を使うことで求めることができます。Jw_cad では、複線機能を使うことで並行線を引くこ

とができます。

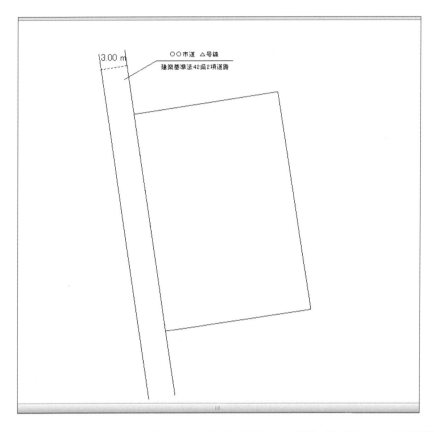

　幅員3.0mの道路ですので、中心線は1.5m対象地側から西側（左側）に平行線機能を使って作ります。中心線は、わかりやすくするために破線にします。

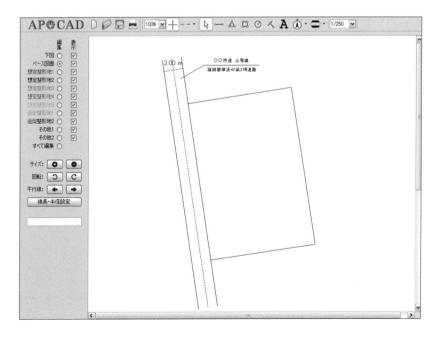

道路中心線から2.0mのセットバックを行うため、中心線をコピー・貼り付けし、2m東側（右側）に平行移動させます。

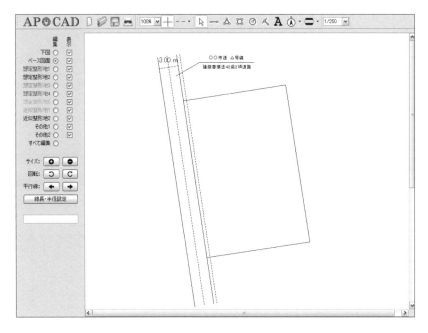

　ツールタブをクリックし、「面積測定」をクリックし、面積を測定すると、セットバック面積が査定されます。

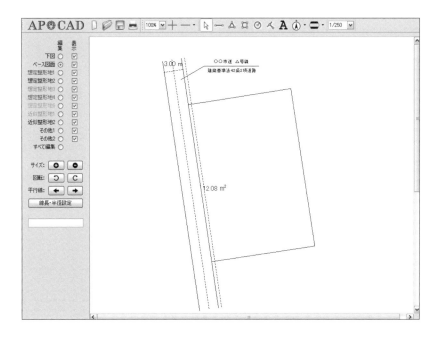

7 道路幅員が一律でない場合のセットバック

　下の画像は、とある42条2項道路に面する土地の建築図面の写しです。この2項道路は私道で、幅員は3.161〜3.252mと記載されており、一律の長さではありません。

　このようなケースでは、上記で解説した平行線機能を使ったセットバックは適切ではありません（なお、このように建築の図面がある際はセットバック済みが通常ですが、図面が古いもので、現状はセットバックがされていませんでした）。

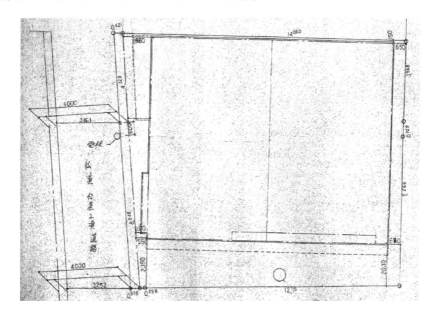

　上記の建築図面の写しを下図として、トレースすると下図のようになります。

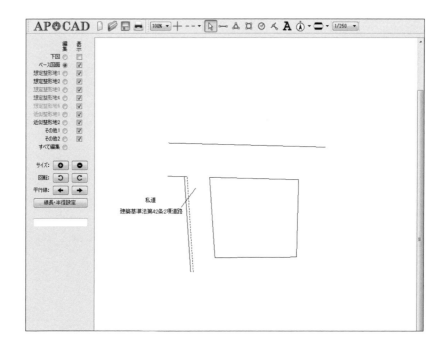

この場合、円ツールを使用してセットバック部分を作成していくこととなります（建築図面は通常、セットバックを除く面積が敷地面積と記載されているため、まず有効部分から作図します）。

　円ツールを用いて、左上と左下の頂点からそれぞれ円を描き、図面のセットバック幅(0.421、0.378)にそれぞれ半径を設定します。

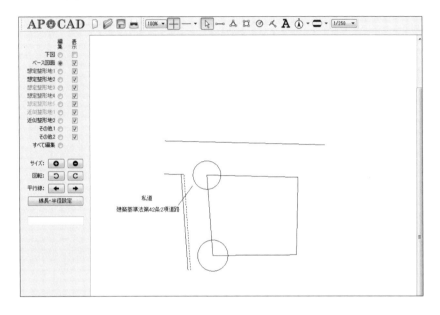

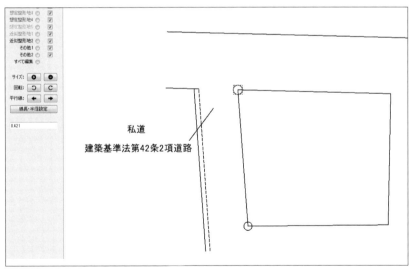

対象地の北側と南側の辺それぞれに直線ツールで線を重ね、その線を線長延長ツールを使い、西側に延ばします。

　円の接点同士を直線ツールで結び、多角形を作成します。この部分がセットバック部分になります。

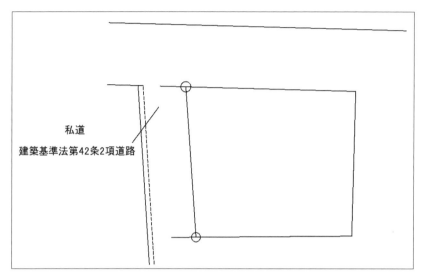

　余分な箇所を削除し、図面を調整すると下記のようになります。

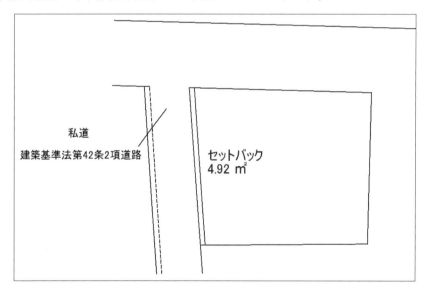

8 容積率の按分計算

　評価対象地が容積率が異なる地域に存する場合は、平行線機能を使うことで、それぞれの面積を査定することができます。これを活用することで財産評価における「容積率の異なる2以上の地域にわたる宅地の評価」に役立てることができます。

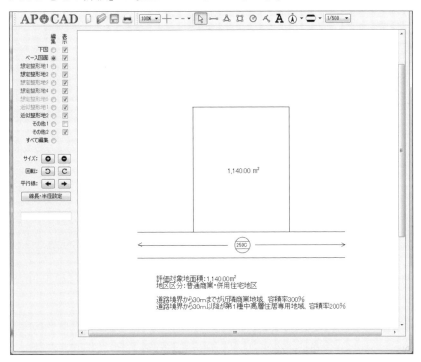

　都市計画を調査した結果、道路境界から30mまでが近隣商業、容積率300％、道路境界から30m以降が第1種中高層住居専用地域、容積率200％であることがわかりました。

　したがって、道路面から30m、上（北側）に平行線を描きます（上側へは左方向で並行移動させます）。垂線ツールで30mまでの矢印（↑）を作成してもよいでしょう。

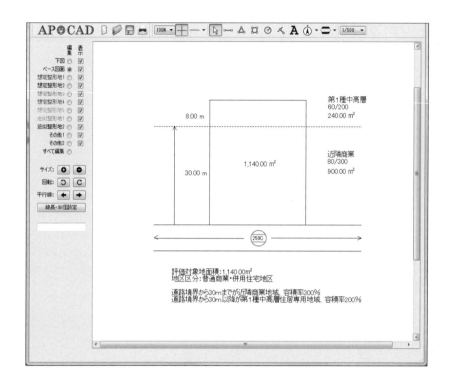

　面積を計測すると容積率300％部分が900.00m²、容積率200％部分が240.00m²と査定されました。

　容積率が異なる2以上の地域にわたる宅地として計算を行うと、次のようになります。

　$\{1-（900m^2 \times 300\% + 240m^2 \times 200\%）\div 1,140m^2 \times 300\%\} \times 0.5 = 0.035$

9 無道路地の評価

　無道路地の評価は通路部分を開設して、後にその部分の評価額を控除する必要があります。ここでは無道路地の通路開設及び想定整形地の作成を行ってみます。

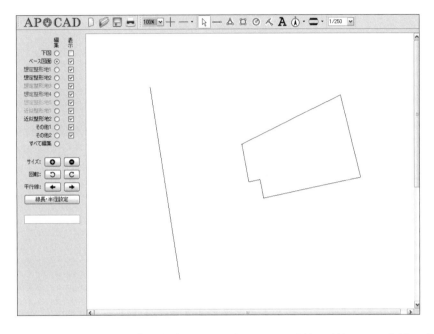

　通路部分を開設するためには「垂線ツール」を使います。最短距離となる左端に向かって道路から垂線を引きます。

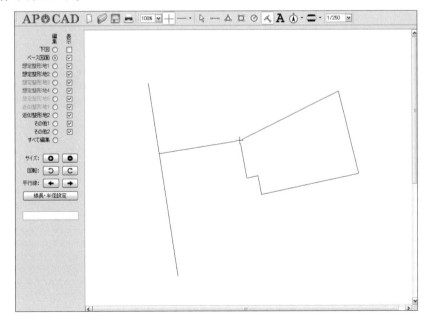

接道義務を満たすために、2m垂線を平行移動させ、2mの路地部分を作成します。

　この際、長さをきちんと合わせるために、角地の場合と同様に一度線長を長くしてからスナップツールを用いて直線を引き、最初の線を削除します。

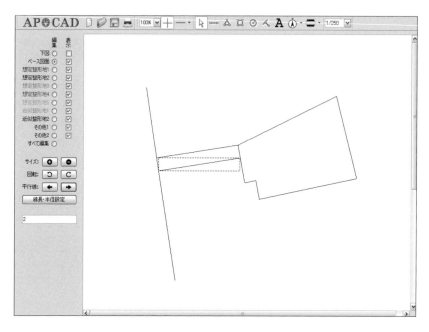

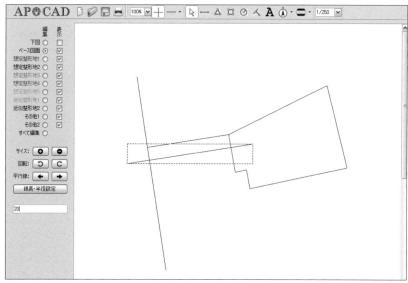

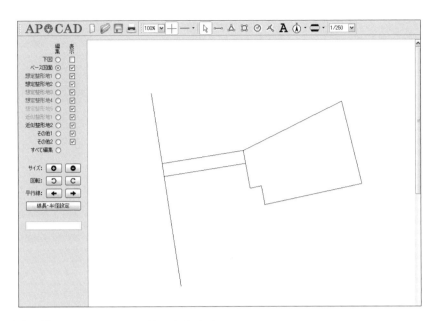

想定整形地を描くとこのような形になります。

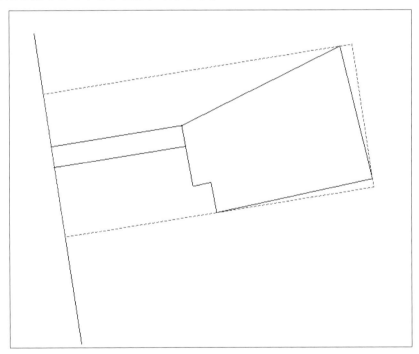

蔭地割合及び通路部分の面積を査定した結果は、次ページのとおりです。

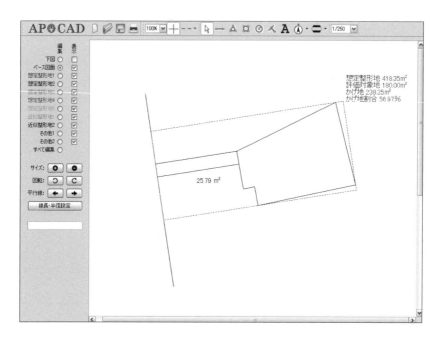

（補足）無道路地の道路までの距離の計測方法

　無道路地は道路までの通路を開設する必要があるため、道路までの距離も評価に影響を与えることとなります。ここで、次の図面をトレースした後、どのようにして道路のラインを設定するかを見ていきましょう。

　まず、前項において参考としたのは下記の測量図です。本来は無道路地ではありませんでしたが、この土地の一部を評価対象とすることで無道路地としました。太線の部分が対象地と道路のラインです。

　これを見ると、対象地と道路までのラインが7.924m となっていることがわかります。

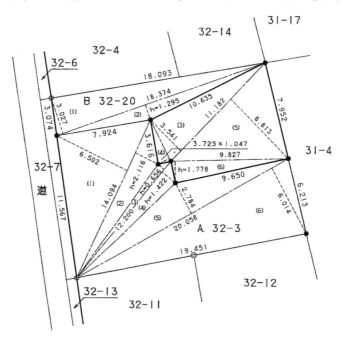

先に無道路地の評価として描いた図形は、面積合わせをしていませんでした。

測量図から、対象地の面積が68.57m²（図面左側、32-20のNo. 3～6を合算し、2で割った面積）であることが求められます。

地 番	B 32-20		
NO.	底　辺	高　さ	倍 面 積
1	8.374	3.027	55.618098
2	18.374	1.295	23.794330
3	11.182	3.541	39.595462
4	3.725	1.047	3.900075
5	11.182	6.813	76.182966
6	9.827	1.778	17.472406
		倍 面 積	216.563337
		面　積	108.2816685
		地　積	108.28　m²

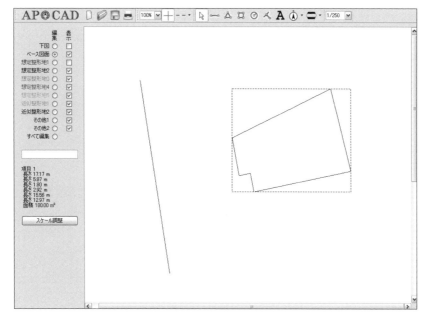

それでは、実際に面積合わせを行ってみましょう。そうすると、対象地のみならず、道路の同様に縮まったことがわかります。

すなわち、AP-CAD における面積合わせ（スケール調整）は、「対象地の面積合わせをすれば、他の図形や線もそれに合わせて調整される」ということになっています。

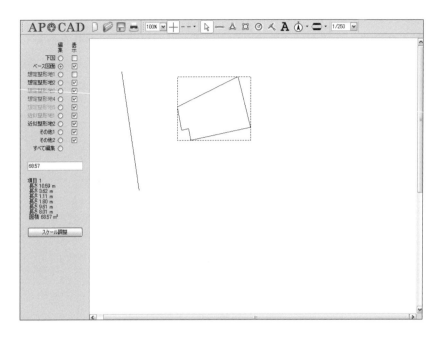

　面積合わせの後、先ほどの手順で道路から対象地に向かって垂線を引いてみます。長さを計測すると、7.94m となっており、測量図上の7.924m とほぼ変わらない長さになっています。

　したがって、無道路地の評価で道路までの距離がわからない場合は、トレースの際に対象地とともに道路のラインも直線ツールでトレースしておき、そこから面積合わせを行うことで道路までの距離が求められます。

（注）ただし、公図の精度にはご注意ください。明らかに住宅地図等と照合して長さが異なる
　　　場合は、平行線機能等で調整してください。

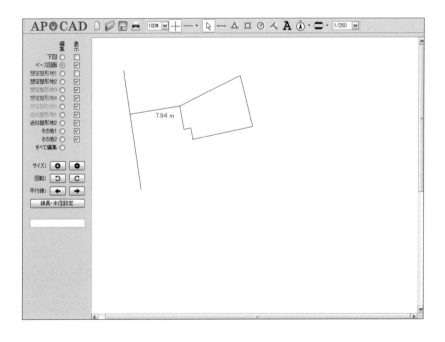

10 面積調整機能を活用し、残地面積を推定する

　次の測量図のように残地面積が記載されている場合は、実測されている筆（下記では1−3）と隣地（下記では1−1）を同時にトレースし、実測されている方をスケール調整すると、残地のおおよその面積がわかります。したがって、縄伸びの判定を行う際にもスケール調整は有効です。

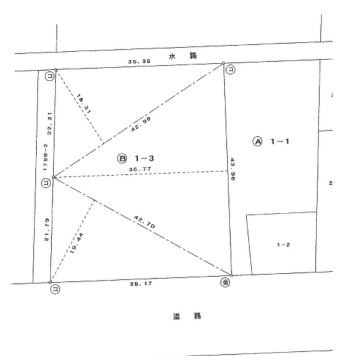

三 斜 求 積 表

地　番	Ⓑ　1−3		
NO.	底　　辺	高　　さ	倍　面　積
1	42.70	19.44	830.0880
2	43.96	36.77	1816.4092
3	42.99	18.31	787.1469
		倍　面　積	3233.6441
		面　　積	1616.82205
		地　　積	1616.82 m²

残地番	Ⓐ　1−1		
公　簿	1996.6942	総　計	1616.82205
		残　地	379.87215
		地　　積	379.87 m²

筆1-3の面積は1616.82m²、筆1-1の面積は379.87m²と記載されていますが、1-1は残地面積であり、図面上ではより面積が大きく見えます。

筆1-3と筆1-1を同時にトレースし、実際に計測されている1-3に面積を合わせます。

その後、それぞれの筆の面積を計測すると1-1は661.15m²となり、縄伸びが発生していることがわかりました。

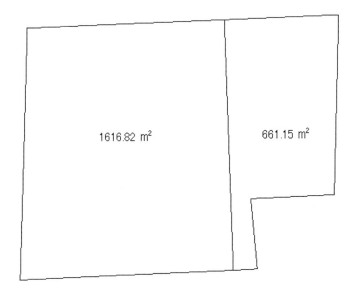

相続財産の中に無地番の官有地（赤道、水路等）が存する場合、その部分の価値を控除する必要があります。下記の日税連税法データベース（TAINS）収録の資料（東京国税局課税第一部資産課税課資産評価官「資産税審理研修資料」質疑応答事例8135）によると、払下費用相当額か、需給修正率を考慮して計算した金額を控除するものとされています。

下記の図は筆（812-13）の中に水路が存しています。

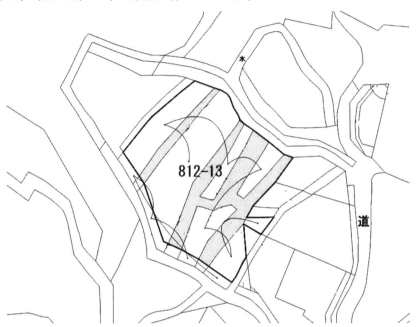

■赤道が存する宅地の評価

| 問 | 下記のように相続財産である宅地の中央部に赤道（丙土地・国有地）が存する場合、当該宅地はどのように評価すべきか。
　なお、甲土地、乙土地及び丙土地は、一体として自宅の敷地の用に供されている。 |

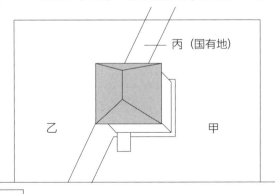

| 答 |

赤道はその所有権が国に帰属するものであるが、居宅の敷地として赤道を含めて一体利用していると認められることから、赤道を含めたところで一画地として評価し、赤道の払下費用相当額を控除し

て評価する。

　なお、当該払下費用相当額は、原則として相続人等が払下げ申請を行った場合に支払うこととなる金額とするが、その金額が判明しない場合には、次の算式により算定した金額を控除しても差し支えないものとする。

$$\begin{array}{l}\text{1\,m}^2\text{当たりの}\\ \text{当該宅地の}\\ \text{相続税評価額}\end{array} \times (1-\text{借地権割合}) \times \text{需給修正率（0.5）} \times \begin{array}{l}\text{当該宅地}\\ \text{に存する}\\ \text{赤道の面積}\end{array}$$

〔理由〕

1　設例の場合、宅地の中央部に赤道と呼ばれる法定外公共用財産が存しており、同財産の所有者は国であるが、居宅の敷地として赤道を含めて一体利用していることから、相続税の評価に当たっては一体として評価するのが相当と認められる。

　　このような土地の売却等に当たっては、本件宅地の所有者が、実際に赤道に係る国の所有権を消滅させるために赤道の払下げを受ける場合もあるが、赤道が存するままの状態でその土地を譲渡した場合には、その赤道が存しないとした場合における価額より低い価額でしか譲渡できないことが通常であると認められる。

　　そこで、赤道が存する宅地の価額は、その宅地を自用地として一体評価した価額から、完全な所有権とするための費用を控除した価額、すなわち、赤道の払下げに要する金額に相当する額を控除した価額によって評価するのが相当と考えられる。

　　このような考え方は、あたかも無道路地について、通路開設費用相当額を控除するのと同様であり、合理的な手法であると認められる。

2　ところで、赤道の払下げに当たっては、①都道府県知事又は市町村長に対し、赤道部分の用途廃止申請をし、②用途廃止後に当該赤道が普通財産として財務省（財務局又は財務事務所）の所管となったものを、同省に対し払下げの申請をして払下げを受けることとされており、これに要する払下価格は、具体的には、実際に払下げの申請を行わないと判明しないものである。

　　しかし、当該払下価格は、一般的に国有財産評価基準に従って算定することとされており、これによれば、評価対象土地（赤道）の計算方法は、下記の算式により数量単位当たりの評定価格を求め、これに評価対象土地の面積を乗じて求めることとされている。

$$\begin{array}{l}\text{数量単位当たり}\\ \text{の評定価格}\end{array} = \begin{array}{l}\text{取引事例価格を}\\ \text{基とした価格}\end{array} \times (1-\text{借地権割合}) \times \text{需給修正率（0.5）}$$

　　そして、上記算式における「取引事例価格」とは、評価対象地を含めて一体利用することが適当と認められる画地における取引事例価格（当該一体土地の売却価額）をいうが、当該価格が調査確認されていないときには、当該一体利用地についての財産評価基本通達に基づく価額を用いることとされており、「借地権割合」についても財産評価基本通達に基づく割合によることとされている。

　　また、需給修正率については、私道、高圧線下地又は崖地以外の場合は一律0.5とされている。

　　これらのことからすれば、一体評価した宅地の評価額から控除すべき赤道の払下げに要する金額については、次の算式により求めた金額として差し支えないものと考えられる。

$$\begin{array}{l}\text{1\,m}^2\text{当たりの}\\ \text{当該宅地の}\\ \text{評価額}\end{array} \times (1-\text{借地権割合}) \times \text{需給修正率（0.5）} \times \begin{array}{l}\text{当該宅地}\\ \text{に存する}\\ \text{赤道の面積}\end{array}$$

3　なお、上記取扱いは、赤道を含めて土地を一体利用しているという現況を考慮してのものであり、赤道を挟んだ双方の土地が独立して利用され、また、赤道の払下げができる状況等になければ、原則どおり、双方の土地をそれぞれ別個の評価単位として評価することに留意する。

それでは実際に下図を読み込み、対象地及び水路部分のトレースを行ってみます。対象地の面積は500m²とします。その上で水路部分をトレース（レイヤーを変えてもよいです）し、面積を計測します。

CADでは、水路部分は24.87m²＋136.76m²＝161.63m²（約32%）と計測されました。

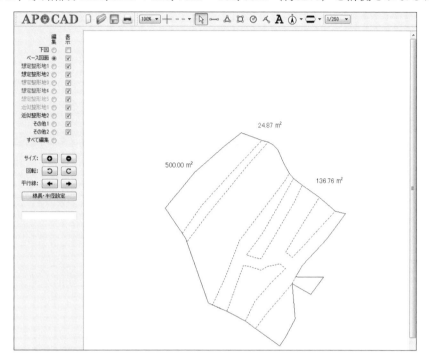

本件の実際の評価の際は、水路部分を含んで実測を行い（水路部分は境界等が不明であるため測量不可）、図の青枠部分をトレースし、全体の実測面積に水路部分の割合を乗じて査定しました。

12 隅切りの作成

幅員が4m未満の道路に接している場合、セットバックの他に隅切りを設けることが必要になる場合があります（第1部の53ページ参照）。ここでは隅切りの作成を練習します。

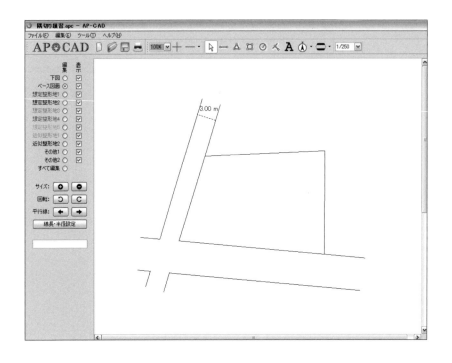

　隅切りは、狭あい道路整備事業等によりセットバックと組み合わせて作成します。その場合、
2項道路でセットバックした後、当該部分を起点として隅切りを作成します。

　東京都では、このような場合には隅切りは2mとされています。

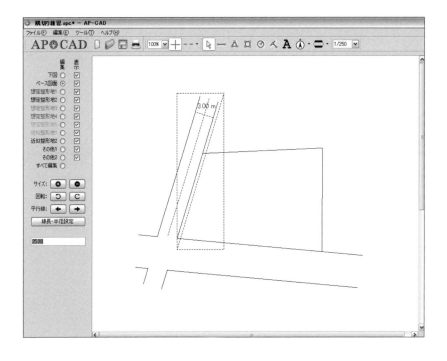

隅切りを作成する際は「円ツール」を使います。スナップツールは ON にしておきます。
隅切りを作成したい箇所の角を頂点とした円を適当な大きさで作成します。

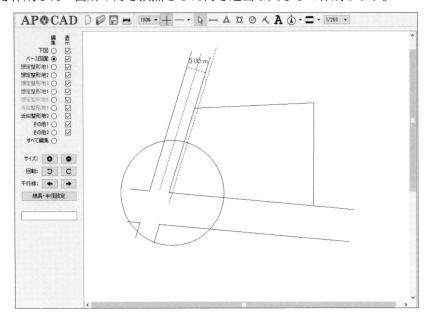

円の中で対象地の接点 2 つを直線ツールでつなぎます。

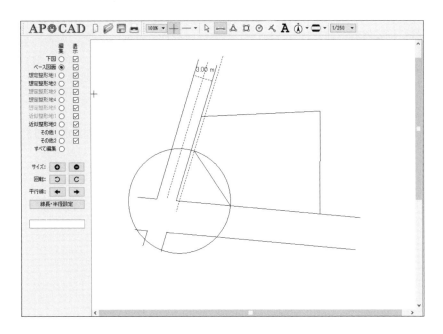

直線の長さ及び半径の長さを計測します（この場合は10.14m、8.07m）。

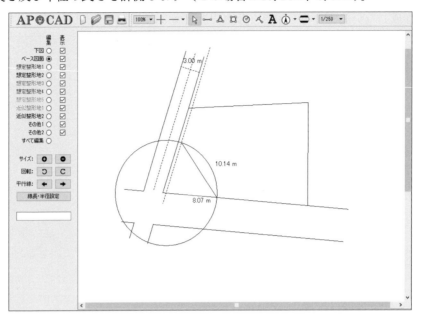

　円の中にできた二等辺三角形部分の底辺の長さに対する想定する隅切りの長さ（今回は2m）の割合を計算します。

　10.14m÷2.0m＝5.07

　半径の長さを上記割合で割ることにより、想定する隅切りの長さに対応する円の半径が求められます。

　8.07m÷5.07＝1.591715…

　円ツールを用いて上記半径の長さの円を描きます。

　AP-CAD は測定の際は小数点第2位までの表記ですが、線長・半径設定等の計算は反映されます。

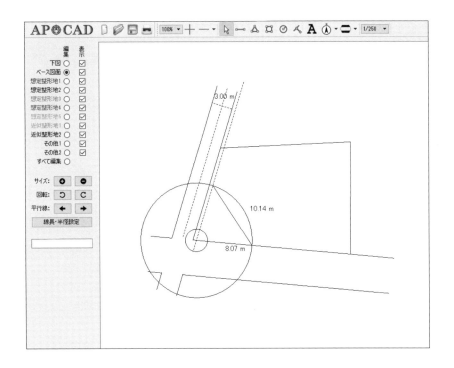

新しく作成した円の対象地の接点2つを直線ツールでつなぎ、長さを測定します。
そうすると、長さは2mとなり、当初想定した長さの隅切りができあがります。

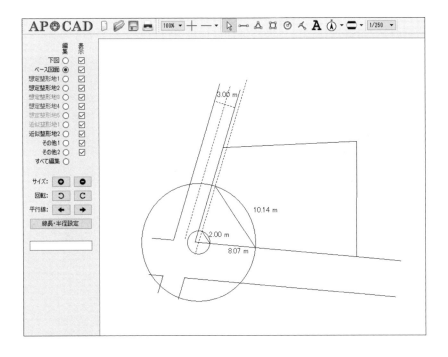

余分な円や線を削除すると、下図のような感じになります。

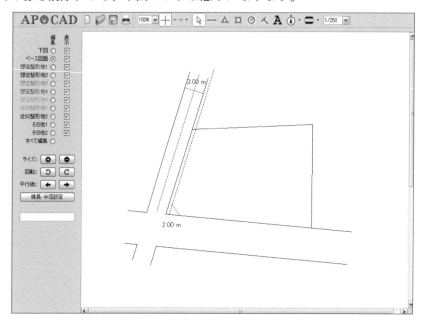

ケース・スタディ

　下の画像の道路は42条2項道路に該当し、現地には既に隅切りがされていました。

　この場合、どのようにセットバック及び隅切り作成を行えばよいでしょうか。

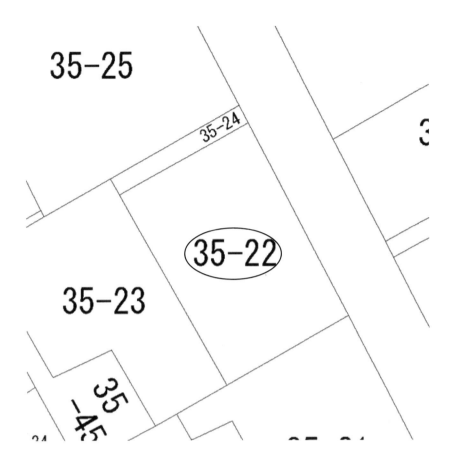

対象筆（35-22）面積：180m²でスケール調整。

　対象の筆は上記公図の35番22です。隅切り部分は筆の形状に反映されていません。また、2項道路は35番24です。西側は筆が分かれていません。

　この場合、どのようにセットバック及び隅切り作成を行えばよいでしょうか。

　現地調査を行い、道路及び隅切り部分を計測してきた結果、道路の現況幅員は2.75m でした。また、隅切りの斜辺は1.95m、三角形のそれぞれの辺部分は1.42m、1.35m でした。

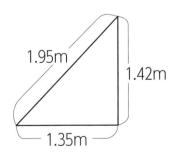

　現況の隅切りを作成していきます。1.42m と1.35m は円ツールを使用します。
　半径が近い値であるため、スナップの際は注意が必要です。

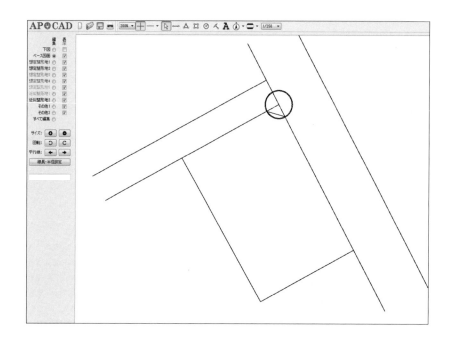

　上記で現況隅切りを作成しましたが、条例で求められている隅切りはセットバック後の隅切りですので、セットバックを行い、さらに斜辺2mの隅切りを作成する必要があります。

　北西側私道は現況2.75mの幅員でしたので、道路の線をコピー・貼り付けし、1.375m平行移動して中心線を作成、その後中心線を同様にコピー・貼り付けし、2m平行移動して道路後退線を作成します。

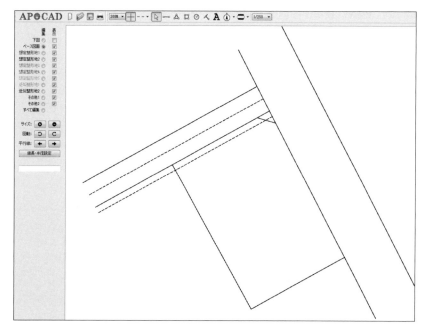

　セットバック後は、先ほどと同様に、円ツールを用いて斜辺2mの隅切りを作成します。

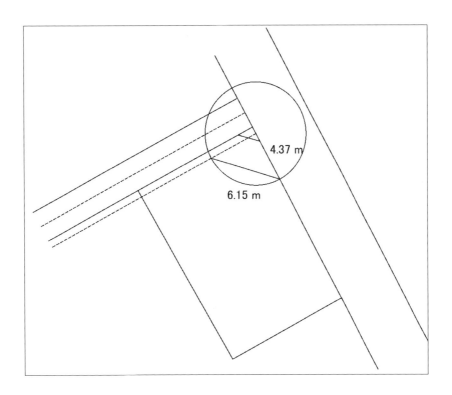

　そして、最終的には下図のようになります。

　現況の隅切り部分があり、この部分は既に道路形態があるためゼロ評価となり、セットバック及び追加の隅切り部分が３割評価となります。

　このようなケースでは、どの部分が追加隅切部分なのかをわかりやすくするため、PDF化し、フリーソフトの説明で取り扱ったように PDF-Xchangeviewer で色付けをしてもよいかもしれません。

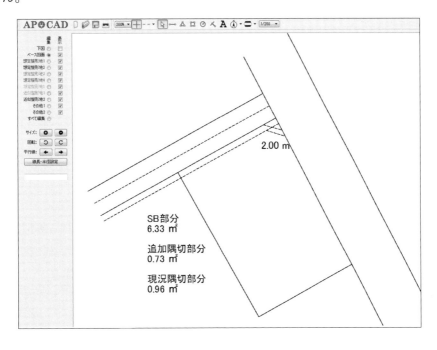

13 持分が混合している場合の各筆割合を計算する

対象となる相続財産を評価単位に分ける際には、筆の内になることは多くあります。さらに単独所有ではなく、共有になっている場合は、各相続人ごとに帰属する割合を求める必要があります。

次の土地は、「全体の実測面積が測量され、各筆までは測量していない。登記簿からは単独所有の部分と共有部分がある」という状態でした。

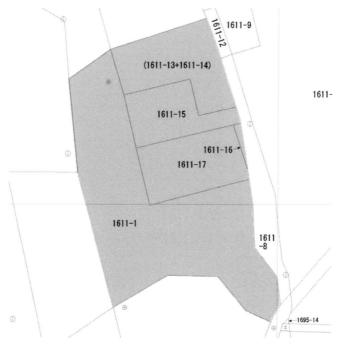

登記簿面積は下記のとおりです。全体実測面積は、2,500.00m²でした。1611−1は筆の内の面積であるため、登記簿面積の合計より全体実測面積は少なくなっています。

筆	登記簿面積	持分
1611−1	2,087.94	0.6
1611−13	222.48	1
1611−14	164.32	1
1611−15	255.77	0.6
1611−16	10.2	1
1611−17	341.93	0.6
合計	3,082.64	

下図をトレースし、スケール調整を行い、各筆の境界をトレースすることでそれぞれの筆の実測ベースの面積を査定することができます。

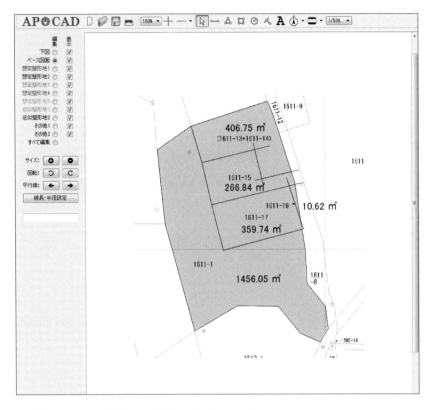

　査定された実測ベースの面積は、下記のとおりです。

　1611-13と1611-14は筆が混在しているため、合算した面積の表記になっています。

　この土地は持分が同一ですが、持分が異なる場合でも登記簿面積で按分することで、それぞれの筆の持分に応じた割合を査定することができます。

筆	推定実測面積	持分
1611-1	1,456.05	0.6
1611-13	406.75	1
1611-14		1
1611-15	266.84	0.6
1611-16	10.62	1
1611-17	359.74	0.6
合計	2,500.00	

14 近似整形地の作成

近似整形地は奥行価格補正の際、近似整形地を採用した方が有利になる場合があります。

ここでは近似整形地（①）を求め、隣接する整形地（②）と合わせて全体の整形地の価額の計算をしてから、隣接する整形地（②）の価額を差し引いた価額を基として計算する方法を見ていきます。

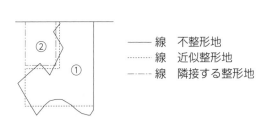

―――― 線　不整形地
・・・・・・・・ 線　近似整形地
―・―・― 線　隣接する整形地

下記のような不整形地をモデルとします。

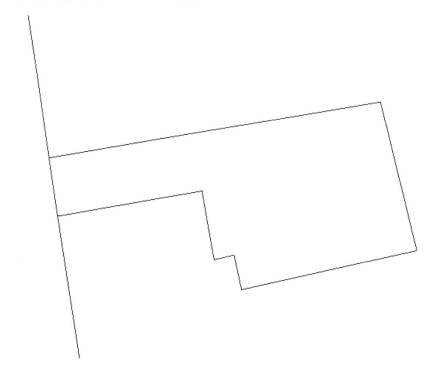

近似整形地の作成は垂線ツールを用いて作成していきます。近似整形地は、近似整形地から、はみ出す不整形地の部分の地積と近似整形地に含まれる不整形地以外の部分の地積がおおむね等しく、かつ、その合計地積ができるだけ小さくなるように求めます。

　まずは、通常どおりに想定整形地を作ります。

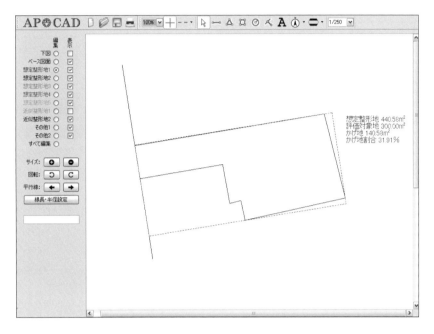

　次に垂線ツールを使い、近似整形地を描いていきます。後に調整もできますが、基本的には同じ面積になることをイメージして、描きましょう（この近似整形地を①とします）。

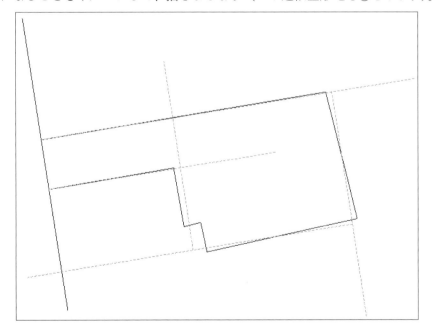

垂線ツールを駆使して近似整形地ができあがりました。面積を計測し、過不足が生じた場合は、微調整を行うことになります。

　下図の場合は、垂線で近似整形地を作成した段階では298.98m²、対象地が300m²ですので1.02m²不足していることになります。

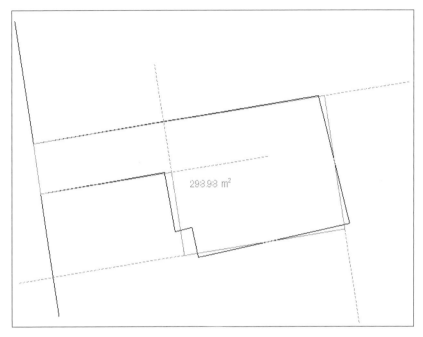

　微調整は近似整形地の一辺を平行移動することにより調整します。

　今回は1.02m²÷8.47m＝0.120425m…分だけ左に平行移動させます。

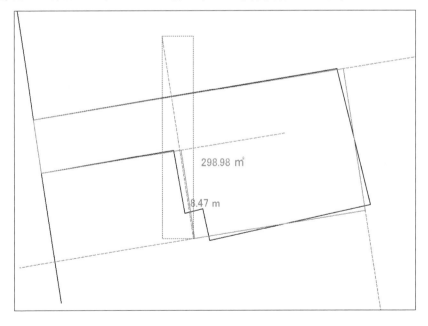

微調整を行い、面積を300m²に調整することができました。微調整を行った後の面積測定で、小数点第2位レベルの差であれば手入力で調整しても大丈夫です。

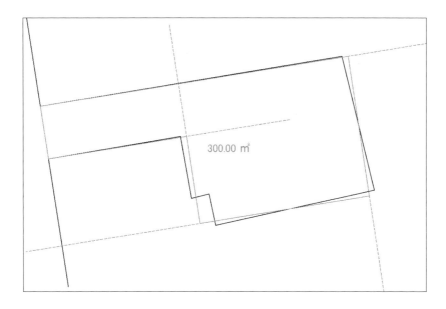

　また、隣接整形地も作成し、2つとも面積を計測しておきましょう（この隣接整形地を②とします）。

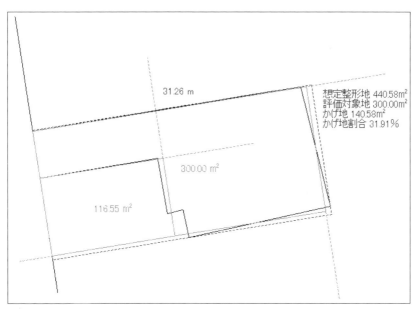

近似整形地を作成した後は垂線を削除することで画面がすっきりします。間口・奥行等も計測しておきましょう。

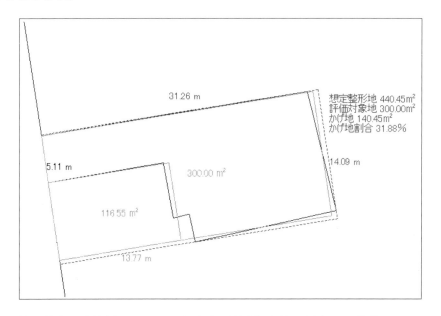

　対象地が前面道路の路線価が100,000円／m²、普通住宅地と仮定して計算してみましょう。

① 近似整形地（①）と隣接する整形地（②）を合わせた全体の整形地の奥行価格補正後の価額

　100,000円／m²×0.95×416.55m²＝39,572,250円

② 隣接する整形地（②）の奥行価格補正後の価額

　100,000円／m²×1.00×116.55m²＝11,655,000円

③ 上記の①の価額から②の価額を控除して求めた近似整形地（①）の奥行価格補正後の価額

　39,572,250円－11,655,000円＝27,917,250円

④ 近似整形地の奥行価格補正後の1m²当たりの価額

　27,917,250円÷300.00m²＝93,057円／m²

⑤ 不整形地補正率

　かげ地割合31.88%・間口距離5.11m より、0.84（地積区分 A）

⑥ 評価額

　93,057円／m²×0.84×300.00m²＝23,450,100円

（参考）近似整形地を使わない場合

　100,000円／m²×0.95×0.84×300.00m²

　＝23,940,000円

　本件のようなケースの場合は、近似整形地を作成して計算した方が評価額が下がることがわかりました。

上記と同様に近似整形地を作成してみましょう。

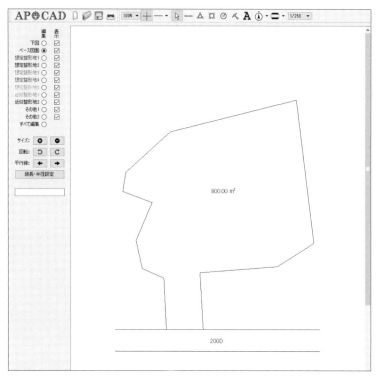

ざっくりと近似整形地を作成した結果、面積の差が大きく出ましたので、調整していきます。

（調整前）

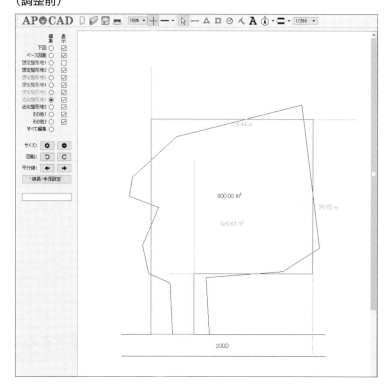

（調整後）

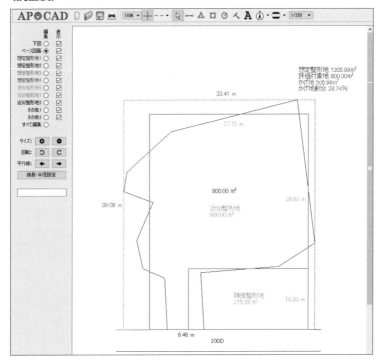

　調整後の結果です。近似整形地を適用した奥行価格補正の単価は179,692円／㎡となりました。近似整形地を適用しない場合、奥行価格補正後の単価は200,000円／㎡×0.92＝184,000円／㎡ですので、かなりの差が生じました。

間口距離：6.46m

奥行距離
計算上の奥行
　800.00㎡÷6.46m＝123.46m
想定整形地の奥行：39.09m
上記より39.09m

①　近似整形地と隣接整形地を合わせた全体の整形地の奥行価格補正後の価額

　200,000円／㎡×0.92×（800.00㎡＋　215.38㎡）＝186,829,920円

②　隣接整形地の奥行価格補正後の価額

　200,000円／㎡×1.00×215.38㎡＝43,076,000円

③　上記①から②を控除した近似整形地の価額

　186,829,920円－43,076,000円＝143,753,920円（179,692円／㎡）

15 座標値のある公図から縮尺を合わせ、筆面積を推定する

　法務局で取得した公図はさまざまな種類があり、また精度もさまざまです。第1部の不動産

調査実務でも述べましたが、座標値が記載されているような精度の高い公図は、枠内がどのような長さかが定められています。したがって、公図の枠内をトレースし、その面積にスケール調整することでその公図内の筆面積を推定することができます。

　まず、公図の枠をトレースします。トレースの際は多角形ツールではなく、直線ツールと垂線ツールを使った方がよいでしょう。

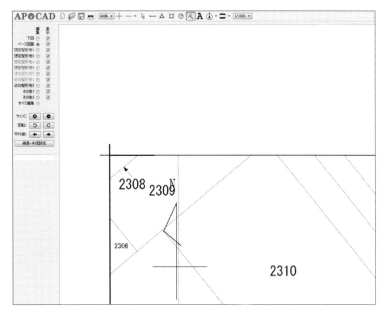

　座標値が設定されている公図は1/500の縮尺の場合、「125m×126m」の枠ですので、15,750㎡でスケール調整を行います。

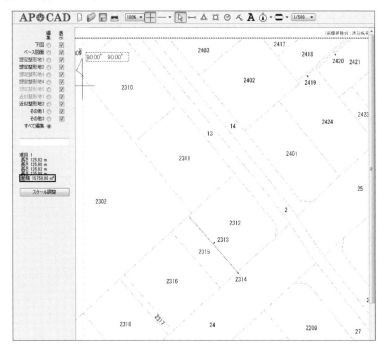

面積調整をした上で任意の筆をトレースし、検証してみましょう。2312番をトレースし、面積を計測すると533.03m²になりました。

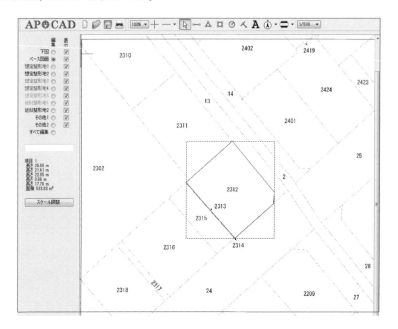

登記簿面積と比較するとほぼ近い数値を得ることができました。したがって、このような座標が記載されている公図からは他の筆の面積も推定することができます。

表 題 部 （土地の表示）			調製	平成７年３月９日	不動産番号	
地図番号			筆界特定	余 白		
所 在					余 白	
					余 白	
① 地 番	②地 目	③ 地 積 ㎡			原因及びその日付〔登記の日付〕	
	田	_8 2 6_ :			昭和 　　　　　　土地改良事業完了	
余 白	余 白	余 白			昭和６３年法務省令第３７号附則第２条第２項の規定により移記 平成７年３月９日	
２３１２番	宅地	５３４：１９			平成 　　　　　　土地区画整理法による換地処分 〔平成 　　　　　 〕	

1 図形の微調整

　AP-CAD では、描いた多角形、直線等を微調整することができます。図形を選択後、頂点にカーソルをあてると○が表示され、それをクリックしてドラッグすることで微調整が可能です。多角形の場合は頂点を構成する2辺が動き、他の辺は動きません。

　微調整を行うことで面積も変わりますので、再度クリックして面積を確認する必要があります。

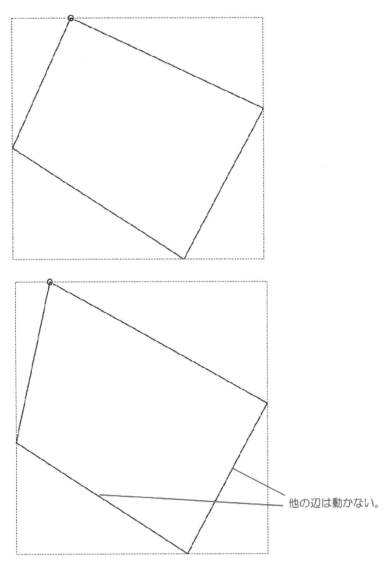

他の辺は動かない。

はじめに、線の長さを変更したい線分を選択しておきます。

次に、「ツール」タブの「線長編集」を選択します。

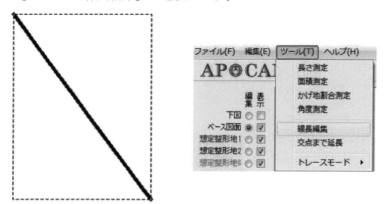

微調整のときと同様、頂点にカーソルを当て、〇を表示させた後に、延ばしたり短くしたりして長さを変更させます。

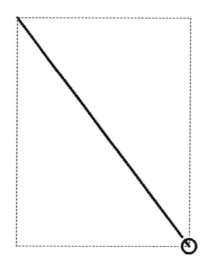

3 トレースモード

　下図を読み込んだ後、多角形ツールで図形をトレースしますが、このとき、ほぼ下図の図形の線も黒の線であることが多く、また拡大すると線が太くなってしまうため、どの辺りをトレースしているのかがわかりづらい部分がありました。このトレースモードはトレースの際、線の色を赤、青、緑の3色から選び、線の太さも細くなることでトレースがしやすくなります。ただし、多角形と直線とで色の使い分けをすることはできません。

　また、トレースモードはベース図面レイヤーで使用することになります。

　通常の状態だと下図の黒と実線が重なって区別しづらいですが、トレースモードで色が付き、線が細くなることでトレースがしやすくなります。

4 路線価記号の回転とテキストツールの組み合わせ

　路線価記号は中に路線価の単価を入力することができますが、回転させると文字が逆さまになってしまうことがあります。このような場合は路線価記号に単価を入力するのではなく、テキストツールを組み合わせましょう。

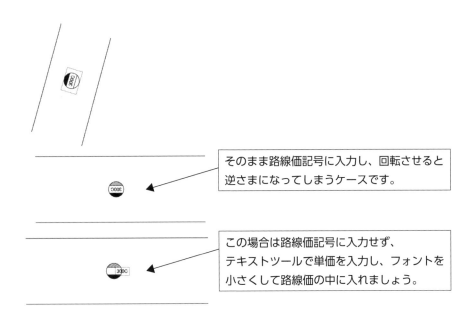

そのまま路線価記号に入力し、回転させると逆さまになってしまうケースです。

この場合は路線価記号に入力せず、テキストツールで単価を入力し、フォントを小さくして路線価の中に入れましょう。

道路幅員や用途地域の境目、都市計画道路の計画線等、矢印で幅を示したいケースがあります。そのような時、どのように矢印を作成するかを見ていきます。

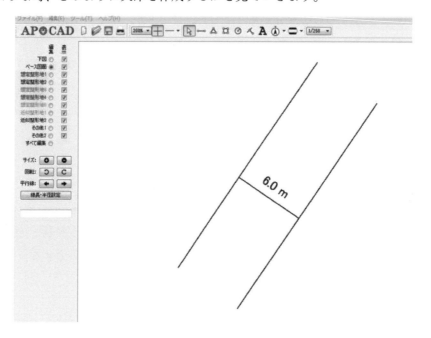

矢印は円ツールと直線ツールを組み合わせて描くこともできますが、簡単なのはテキストツールで不等号記号を使うことです。全角の不等号（＜＞）を使用し、回転させ、直線につなげることで矢印になります。

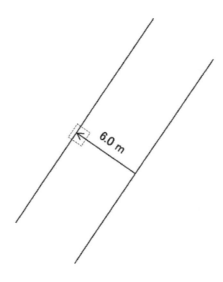

第 2 部の最後に CAD のサンプル図面を掲載します。作図の参考にしてみてください。

■サンプル 1

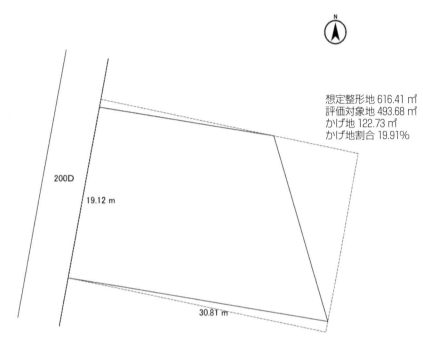

想定整形地 616.41 ㎡
評価対象地 493.68 ㎡
かげ地 122.73 ㎡
かげ地割合 19.91%

200D

19.12 m

30.81 m

≪筆者コメント≫

　基本的な形状のシンプルな図面です。

■サンプル2

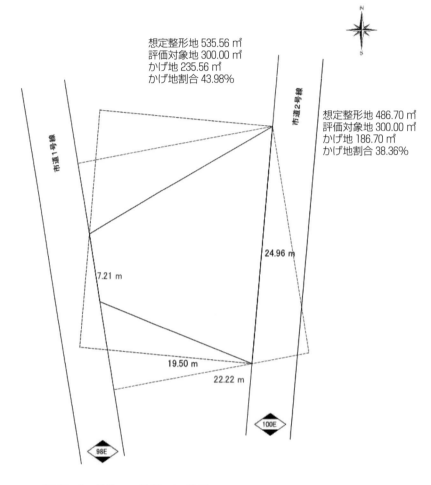

想定整形地 535.56 ㎡
評価対象地 300.00 ㎡
かげ地 235.56 ㎡
かげ地割合 43.98%

想定整形地 486.70 ㎡
評価対象地 300.00 ㎡
かげ地 186.70 ㎡
かげ地割合 38.36%

市道1号線

市道2号線

24.96 m

7.21 m

19.50 m

22.22 m

100E

98E

300.00 ㎡ ÷ 7.21m ＝ 41.60m ＞ 22.22m

300.00 ㎡ ÷ 24.96m ＝ 12.01m ＜ 19.50m

≪筆者コメント≫

　二方路地の図面です。いずれが正面路線価を判定するため、想定整形地を2つ作成しています。評価明細書に添付する場合はそれぞれレイヤーを分け、2枚に分けて提出します。

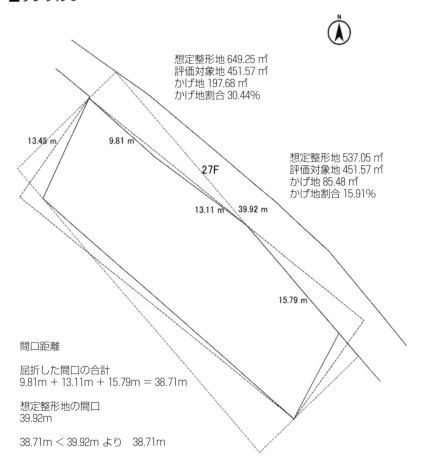

■サンプル3

想定整形地 649.25 ㎡
評価対象地 451.57 ㎡
かげ地 197.68 ㎡
かげ地割合 30.44%

13.45 m   9.81 m

27F

想定整形地 537.05 ㎡
評価対象地 451.57 ㎡
かげ地 85.48 ㎡
かげ地割合 15.91%

13.11 m   39.92 m

15.79 m

間口距離

屈折した間口の合計
9.81m + 13.11m + 15.79m = 38.71m

想定整形地の間口
39.92m

38.71m ＜ 39.92m より   38.71m

≪筆者コメント≫

　屈折した道路に面する土地の図面です。想定整形地の作成は、このケースでも複数考えられます。

■サンプル4

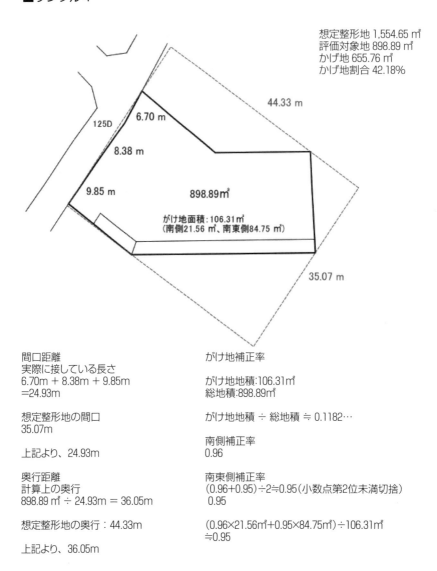

想定整形地 1,554.65 ㎡
評価対象地 898.89 ㎡
かげ地 655.76 ㎡
かげ地割合 42.18%

44.33 m

125D
6.70 m
8.38 m
9.85 m

898.89㎡

がけ地面積:106.31㎡
（南側21.56 ㎡、南東側84.75 ㎡）

35.07 m

間口距離
実際に接している長さ
6.70m ＋ 8.38m ＋ 9.85m
＝24.93m

想定整形地の間口
35.07m

上記より、24.93m

奥行距離
計算上の奥行
898.89 ㎡ ÷ 24.93m ＝ 36.05m

想定整形地の奥行：44.33m

上記より、36.05m

がけ地補正率

がけ地地積:106.31㎡
総地積:898.89㎡

がけ地地積 ÷ 総地積 ≒ 0.1182…

南側補正率
0.96

南東側補正率
(0.96＋0.95)÷2≒0.95(小数点第2位未満切捨)
0.95

(0.96×21.56㎡＋0.95×84.75㎡)÷106.31㎡
≒0.95

≪筆者コメント≫

　がけ地補正を行った図面です。がけ地の面積は第1部で紹介した開発登録簿を参考に査定しました。

■サンプル5

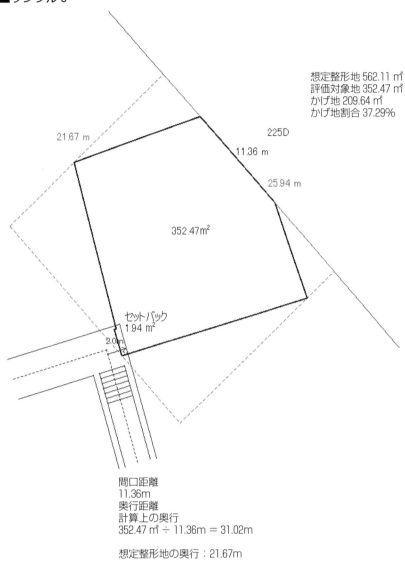

想定整形地 562.11 ㎡
評価対象地 352.47 ㎡
かげ地 209.64 ㎡
かげ地割合 37.29%

225D

21.67 m

11.36 m

25.94 m

352.47m²

セットバック
1.94 ㎡

2.0m

間口距離
11.36m
奥行距離
計算上の奥行
352.47 ㎡ ÷ 11.36m ＝ 31.02m

想定整形地の奥行：21.67m

上記より、奥行距離 21.67m

≪筆者コメント≫

　マンション用地の図面で、市役所で建築計画概要書を取得し、その図面を基にセットバック
等を査定しました。

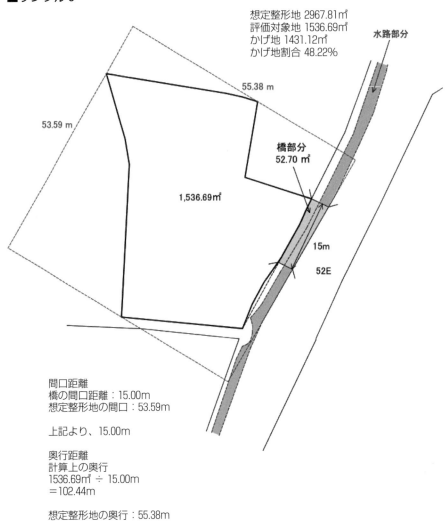

想定整形地 2967.81㎡
評価対象地 1536.69㎡
かげ地 1431.12㎡
かげ地割合 48.22%

水路部分

55.38 m

53.59 m

橋部分
52.70 ㎡

1,536.69㎡

15m

52E

間口距離
橋の間口距離：15.00m
想定整形地の間口：53.59m

上記より、15.00m

奥行距離
計算上の奥行
1536.69㎡ ÷ 15.00m
＝102.44m

想定整形地の奥行：55.38m

上記より、55.38m

≪筆者コメント≫

　水路が介在し、橋がかかっている土地の評価です。橋の外側から想定整形地を作成しました。

■サンプル7

想定整形地 2494.25 ㎡
評価対象地 1046.53 ㎡
かげ地 1447.72 ㎡
かげ地割合 58.04%

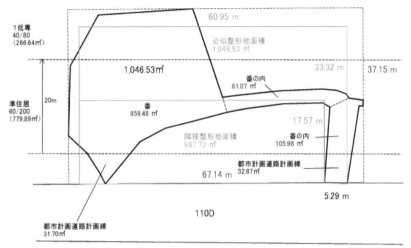

南側道路（■■■■■）より
間口距離
5.29m

奥行距離
計算上の奥行
1,046.53㎡ ÷ 5.29m
＝197.83m

想定整形地の奥行：37.15m

上記より、37.15m

容積率が異なる2以上の地域にわたる宅地

200%…779.89㎡
80%…266.64㎡

{1－（200%×779.89㎡＋80%×266.64㎡)
÷200%×1,046.53㎡} ×0.1
≒0.015

① 近似整形地と隣接整形地を合わせた全体の整形地の奥行補正後の価額
　110,000円／㎡ × 0.93 ×（1,046.53㎡ ＋ 987.73㎡)＝208,104,798円
② 隣接整形地の奥行価格補正後の価額
　110,000円／㎡ × 1.00 ×987.73㎡ ＝ 108,650,300円
③ ①から②を控除した近似整形地の価額
　208,104,798円 － 108,650,300円 ＝ 99,454,498円（95,032円／㎡…A価格)

各筆の内訳
全体地積1,046.53㎡のうち、
■番の地積：859.48㎡
■番の内の地積：81.07㎡
■番の内の地積：105.98㎡

≪筆者コメント≫

　近似整形地、容積率が異なる、都市計画道路等、さまざまな論点を含んだ土地の評価です。

　形状が著しく不整形であるため、路地状部分と有効部分をそれぞれ別個に評価した上での合算値とも検証を行いました。

■サンプル8

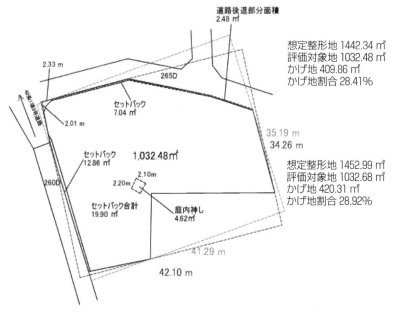

道路後退部分面積
2.48㎡

想定整形地 1442.34 ㎡
評価対象地 1032.48 ㎡
かげ地 409.86 ㎡
かげ地割合 28.41%

2.33 m

265D

セットバック
7.04 ㎡

2.01 m

35.19 m
34.26 m

セットバック
12.86 ㎡

1,032.48㎡

想定整形地 1452.99 ㎡
評価対象地 1032.68 ㎡
かげ地 420.31 ㎡
かげ地割合 28.92%

260D

2.20 m

2.10 m

セットバック合計
19.90 ㎡

庭内神し
4.62 ㎡

41.29 m

42.10 m

対象不動産の面積は、ご提示の現況求積図記載の数量（1,034.96㎡）から、
相続時点における道路後退部分（2.48㎡）を控除した1,032.48㎡である。

北東側道路より
間口距離
実際に接している距離（隅切り含む）
6.26m＋9.75m＋3.04m＋11.42m＋0.38m
＋0.81m＋1.89m＋6.83m＋1.99m＋2.33m
＝44.70m
想定整形地の間口：42.10m

上記より、42.10m

奥行距離
計算上の奥行
1,032.68㎡÷42.10m
＝24.52m

想定整形地の奥行：34.26m

上記より、24.52m

奥行価格補正
265.000円／㎡ × 0.97
＝257.050円／㎡
（正面路線）

北西側道路より
間口距離
実際に接している距離（隅切り含む）
5.89m＋6.30m＋6.63m
＋12.59m＋2.01m＝33.42m
想定整形地の間口：35.19m

上記より、33.42m

奥行距離
計算上の奥行
1,032.68㎡ ÷ 33.42m
＝30.90m

想定整形地の奥行：41.29m

上記より、30.90m

奥行価格補正
265.000円／㎡ × 0.95
＝247,000円／㎡
（側方路線）

≪筆者コメント≫

　正面路線の判定、セットバック、庭内神し等、さまざまな論点を含んだ土地の評価です。庭
内神しは現地で計測を行い、図面に反映させました。

■サンプル9

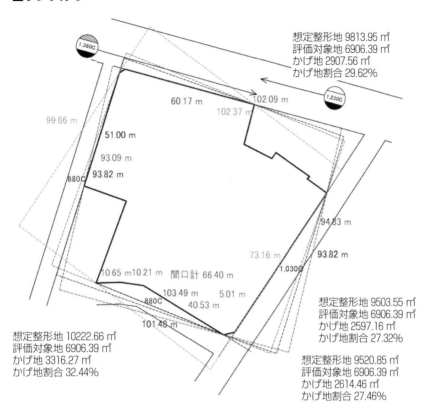

想定整形地 9813.95 ㎡
評価対象地 6906.39 ㎡
かげ地 2907.56 ㎡
かげ地割合 29.62%

1.360C

99.86 m

60.17 m

102.09 m

102.37 m

1.230C

51.00 m

93.09 m

880C

93.82 m

94.83 m

73.16 m

93.82 m

1.030C

10.65 m 10.21 m

間口計 66.40 m

103.49 m

5.01 m

880C

40.53 m

101.48 m

想定整形地 10222.66 ㎡
評価対象地 6906.39 ㎡
かげ地 3316.27 ㎡
かげ地割合 32.44%

想定整形地 9503.55 ㎡
評価対象地 6906.39 ㎡
かげ地 2597.16 ㎡
かげ地割合 27.32%

想定整形地 9520.85 ㎡
評価対象地 6906.39 ㎡
かげ地 2614.46 ㎡
かげ地割合 27.46%

≪筆者コメント≫

　都心のマンション用地の評価です。四方路であるため、いずれが正面路線になるのかが大きなポイントでした。

■サンプル10

対象不動産の面積は、登記簿記載数量（3,927.98㎡）から、現況が
道路用地に供されている部分（2.64㎡）を控除した3,925.34㎡である。

$$3,927.98㎡ － 2.64㎡ ＝ 3,925.34㎡$$

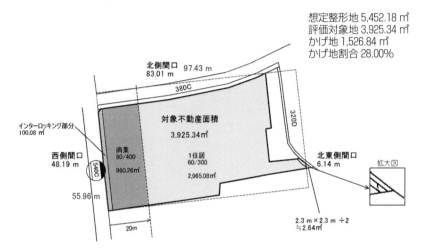

想定整形地 5,452.18 ㎡
評価対象地 3,925.34 ㎡
かげ地 1,526.84 ㎡
かげ地割合 28.00%

西側道路より 間口距離（隅切り含む） 48.19m 想定整形地の間口：55.96m 上記より、48.19m 奥行距離 計算上の奥行 3,925.34㎡ ÷ 48.19m ＝ 81.45m 想定整形地の奥行：97.43m 上記より、81.45m 奥行価格補正 540,000円/㎡ × 0.81 ＝ 437,400円/㎡ （正面路線）	北側道路より 間口距離 実際に接している距離（隅切り含む） 83.01m（地積測量図より） 想定整形地の間口：98.51m 上記より、83.01m 奥行距離 計算上の奥行 3,925.34㎡ ÷ 83.01m ＝ 47.28m 想定整形地の奥行：51.69m 上記より、47.28m 奥行価格補正 380,000円/㎡ × 0.91 ＝ 345,800円/㎡ （側方路線）	北東側道路より 間口距離 実際に接している距離 2.30m ＋ 1.55m ＋ 2.29m ＝ 6.14m 想定整形地の間口：53.37m 上記より、6.14m 奥行距離 計算上の奥行 3,925.34㎡ ÷ 6.14m ＝ 639.30m 想定整形地の奥行：97.81m 上記より、97.81m 奥行価格補正 320,000円/㎡ × 0.80 ＝ 256,000円/㎡ （裏面路線）

≪筆者コメント≫

インターロッキング部分を含むマンション敷地の評価です。

現地でインターロッキング部分の奥行を計測し、図面に反映させました。

■サンプル11

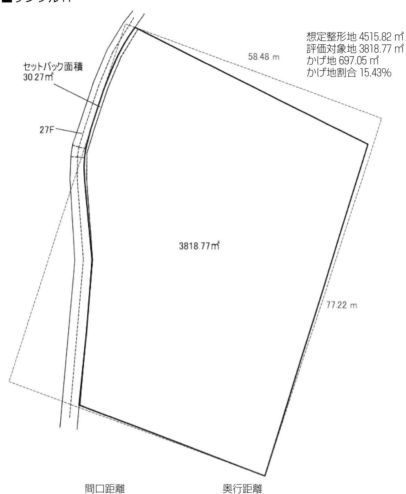

想定整形地 4515.82 ㎡
評価対象地 3818.77 ㎡
かげ地 697.05 ㎡
かげ地割合 15.43%

セットバック面積
30.27㎡

27F

3818.77㎡

58.48 m

77.22 m

間口距離
実際に接している距離
CAD上で79.51m

奥行距離
計算上の奥行
3,818.77㎡ ÷ 77.22m
＝49.45m

想定整形地の間口：77.22m　　想定整形地の奥行：58.48m

上記より、77.22m　　　　上記より、49.45m

【道路台帳平面図】

最上点
48.1

11.9 m

11.50°

道路面の高さ
36.2

実質奥行
58.48 m

≪筆者コメント≫

　地方の市街地山林の評価です。傾斜が大きいことから可能な限り資料を収集し、道路台帳平面図に記載されている等高線の数値から角度を測定し、造成費を査定しました。

■サンプル12

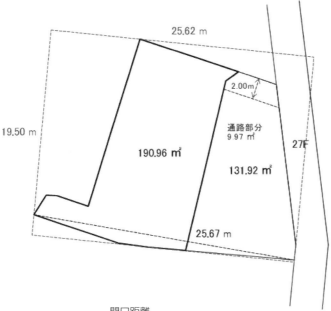

想定整形地 499.59 ㎡
評価対象地 190.96 ㎡
かげ地 308.63 ㎡
かげ地割合 61.77%

25.62 m

2.00m

通路部分
9.97 ㎡

27F

190.96 ㎡

131.92 ㎡

19.50 m

25.67 m

間口距離
2.00m

奥行距離
計算上の奥行
190.96㎡ ÷ 2.00m
＝95.48m

想定整形地の奥行：25.62m

上記より、25.62m

【道路台帳平面図】

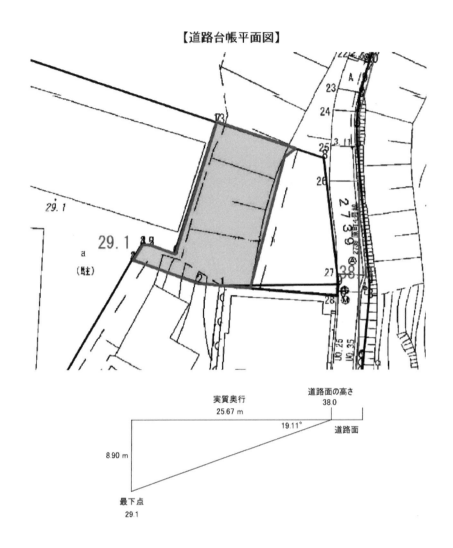

≪筆者コメント≫

　サンプル11と同じ地域に存する市街地原野の評価です。道路面に面している土地と同一所有者でしたが、評価単位で分けたため、通路開設をしました。現状は法面となっており、こちらも道路台帳平面図に記載されている等高線の数値から角度を測定し、造成費を査定しました。

CADソフトを使用することのメリット

　CADソフトとの関わりについて、筆者の経験を少し述べてみます。

　筆者は、鑑定実務に就いてから比較的早い段階でCADの習得を始めました。十数年前、広大地評価に関する意見書を書く機会が多くあり、意見書に添付する建築士さんに作成していただいた開発図面を見ていて、「自分でも図面を描けるようになりたい」と思ったことがきっかけです。

　その後、CADソフトを習得し、ある程度の区画割図面の作成等ができるようになり、AP-CADの開発プロジェクトに参画するに至りました。そして、AP-CADの講師を行う傍ら、フリーソフトのJw_cadの習得も始め、AP-CADを補完するために座標の復元等の機能を使用するようになりました。

　第1部では不動産調査について執筆しましたが、CADを習得すると不動産調査についても見方が変わってきます。これは区画割図面を作成していた経験からというのもありますが、数値に関して細かくなり、整合性を気にするようになります。例えば、下図をトレースし、登記簿面積に合わせ、間口や奥行を計測したときに実際と異なっていると違和感を抱きます。

　また、そのような違和感を感じると、実際の現地とは異なっているのではないか、と確認したくなります。下記はその例です。こちらは、対象筆（59-1）が地積測量図上、残地面積になっていました。

　登記簿面積（残地面積）では隣地面積より小さい面積でしたが、図面上それはまずあり得ないため、縄伸びは確実と思われます。

【法務局で取得した地積測量図】

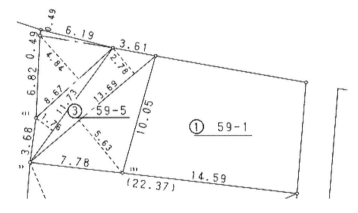

NO.	底辺	高さ	倍　面　積
地番 ③ 59-5			
	13.69	5.63	77.0747
	13.69	2.78	38.0582
	11.73	1.76	20.6448
	8.67	4.84	41.9628
	6.19	0.49	3.0331
	倍　面　積		180.7736
	面　積		90.38680
	地　積		90.38 ㎡
	坪　数		27.34

残地番 ① 59-1			
公簿	398.57	総　計	341.59420
		残　地	56.97580
		地　積	56.97 ㎡

　しかし、この測量図は18～19ページで紹介した例と異なり、座標が記載されていないため、この測量図だけでは復元はできません。市役所に赴き、境界確定図を入手したところ、座標が入っていました。ただし、あくまで道路と民地との官民の座標が入っているのみで、対象地を構成する奥の頂点の座標までは入っていなかったため、地積測量図上の図面と組み合わせて復元を試み、実測値を推定しました（辺の長さを半径とする円を描き、交点で頂点を作成）。その後、しばらく時間が経過し分筆されました。その際に新しい地積測量図ができ、入手したところ、ほぼ近い値が得られました（境界確定図と測量図を組み合わせた図からは129.87㎡、後の分筆された地積測量図の合計地積は129.88㎡）。

　よって、縄伸びについて、CAD を使用することで実際に測量を行わなくても、机上で実測に近い面積を出すことが可能です。

　もちろん、どのようなケースでも推定ができるわけではなく、信頼できる資料に基づき推定を行うことが重要です。

【市役所で取得した境界確定図】

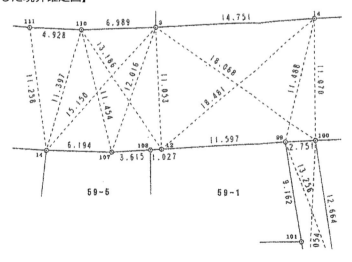

【座標が入った境界確定図と地積測量図を CAD で組み合わせた図】

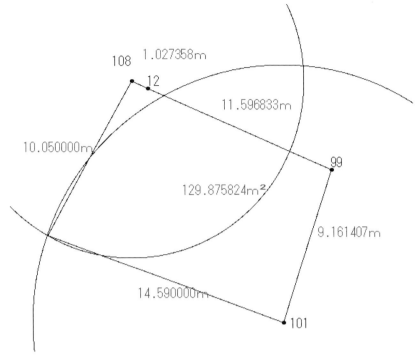

【時間が経過し、分筆された地積測量図】

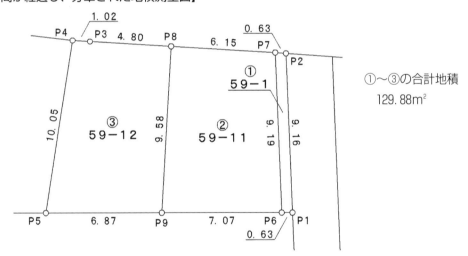

①～③の合計地積
129.88m²

　筆者は CAD 講座の中で「CAD について難しいソフトだと思わずに感覚的に慣れることから始めてください」と伝えています。まさに「習うより、慣れろ」で、少しでも触れていただくことが上達につながります。誰でも最初から図面を描けるわけではなく、一本の直線から始め、その直線が多角形となり、さらには想定整形地の作成や、無道路の通路開設等につながっていきます。

　AP-CAD の販売が始まってから10年近く経過しますが、税理士の皆さんから土地評価の資料をいただく際に、AP-CAD で描かれた図面をいただくこともありますが、筆者以上に AP-CAD を使いこなされていると感じることもあり、嬉しく思うと同時に筆者自身もよりスキルの向上を図らなければ、と襟を正す思いになります。

相続税申告に限らず、筆者は通常の鑑定評価業務の中で CAD を多用しています。平均按分容積率の計算はもちろん、宅地の中に傾斜地や林が生い茂っている部分の面積を査定したり、無道路地の評価において協力用地の面積を査定したり、様々な場面で使用しています。

　筆者は、今では「実務の際、CAD は切り離すことができない必須のソフトである」と考えています。

　読者の皆様が、この書籍を読んでいただき、CAD ソフトにトライしていただくことでそのようなお気持ちになっていただければ幸いです。

第3部

財産評価基本通達の重要改正点と鑑定評価からのアプローチ

I 地積規模の大きな宅地

1 制度創設の流れ

平成30年の相続から「地積規模の大きな宅地」制度が創設され、広大地制度に代わる規模格差補正率が新たに適用されることとなりました。

定義（国税庁HPより）

1 地積規模の大きな宅地とは

地積規模の大きな宅地とは、三大都市圏においては500平方メートル以上の地積の宅地、三大都市圏以外の地域においては1,000平方メートル以上の地積の宅地をいいます。

（注1）次の（1）から（4）のいずれかに該当する宅地は、地積規模の大きな宅地から除かれます。
- （1）市街化調整区域（都市計画法第34条第10号または第11号の規定に基づき宅地分譲に係る同法第4条第12項に規定する開発行為を行うことができる区域を除きます。）に所在する宅地
- （2）都市計画法の用途地域が工業専用地域に指定されている地域に所在する宅地
- （3）指定容積率が400パーセント（東京都の特別区においては300パーセント）以上の地域に所在する宅地
- （4）財産評価基本通達22-2に定める大規模工場用地

（注2）三大都市圏とは、次の地域をいいます。
- （1）首都圏整備法第2条第3項に規定する既成市街地または同条第4項に規定する近郊整備地帯
- （2）近畿圏整備法第2条第3項に規定する既成都市区域または同条第4項に規定する近郊整備区域
- （3）中部圏開発整備法第2条第3項に規定する都市整備区域

2 「地積規模の大きな宅地の評価」の対象となる宅地

「地積規模の大きな宅地の評価」の対象となる宅地は、路線価地域に所在するものについては、地積規模の大きな宅地のうち、普通商業・併用住宅地区および普通住宅地区に所在するものとなります。また、倍率地域に所在するものについては、地積規模の大きな宅地に該当する宅地であれば対象となります。

3 評価方法

（1）路線価地域に所在する場合

「地積規模の大きな宅地の評価」の対象となる宅地は、路線価に、奥行価格補正率や不整形地補正率などの各種画地補正率のほか、規模格差補正率を乗じて求めた価額に、その宅地の地積を乗じて計算した価額によって評価します。

評価額＝路線価×行価格補正率×不整形地補正率などの各種画地規模補正率×規模格差補正率×地積（m²）

（2）倍率地域に所在する場合

「地積規模の大きな宅地の評価」の対象となる宅地については、次に掲げる①の価額と②の価額のいずれか低い価額により評価します。

① その宅地の固定資産税評価額に倍率を乗じて計算した価額

② その宅地が標準的な間口距離および奥行距離を有する宅地であるとした場合の１平方メートル当たりの価額に、普通住宅地区の奥行価格補正率や不整形地補正率などの各種画地補正率のほか、規模格差補正率を乗じて求めた価額に、その宅地の地積を乗じて計算した価額

(注) 市街地農地等（市街地農地、市街地周辺農地、市街地山林および市街地原野をいいます。）については、その市街地農地等が宅地であるとした場合に「地積規模の大きな宅地の評価」の対象となる宅地に該当するときは、「その農地等が宅地であるとした場合の１平方メートル当たりの価額」について「地積規模の大きな宅地の評価」の定めを適用して評価します。

4 規模格差補正率

規模格差補正率は、次の算式により計算します（小数点以下第２位未満は切り捨てます。）。

$$規模格差補正率＝\frac{Ⓐ×Ⓑ＋Ⓒ}{地籍規模の大きな宅地（Ⓐ）}×0.8$$

上記算式中の「Ⓑ」および「Ⓒ」は、地積規模の大きな宅地の所在する地域に応じて、それぞれ次に掲げる表のとおりです。

（1）三大都市圏に所在する宅地

地積	普通商業・併用住宅地区、普通住宅地区	
	Ⓑ	Ⓒ
500m²以上1,000m²未満	0.95	25
1,000m²以上3,000m²未満	0.90	75
3,000m²以上5,000m²未満	0.85	225
5,000m²以上	0.80	475

（2）三大都市圏以外の地域に所在する宅地

地積	普通商業・併用住宅地区、普通住宅地区	
	Ⓑ	Ⓒ
1,000m²以上3,000m²未満	0.90	100
3,000m²以上5,000m²未満	0.85	250
5,000m²以上	0.80	500

面積	規模格差補正率	面積	規模格差補正率
500m²	0.80	3,250m²	0.73
750m²	0.78	3,500m²	0.73
1,000m²	0.78	3,750m²	0.72
1,250m²	0.76	4,000m²	0.72
1500m²	0.76	4,250m²	0.72
1,750m²	0.75	4,500m²	0.72
2,000m²	0.75	4,750m²	0.71
2,250m²	0.74	5,000m²	0.71
2,500m²	0.74	5,250m²	0.71
2,750m²	0.74	5,500m²	0.70
3,000m²	0.74	5,750m²	0.70

■「地積規模の大きな宅地」の適用対象の判定のためのフローチャート

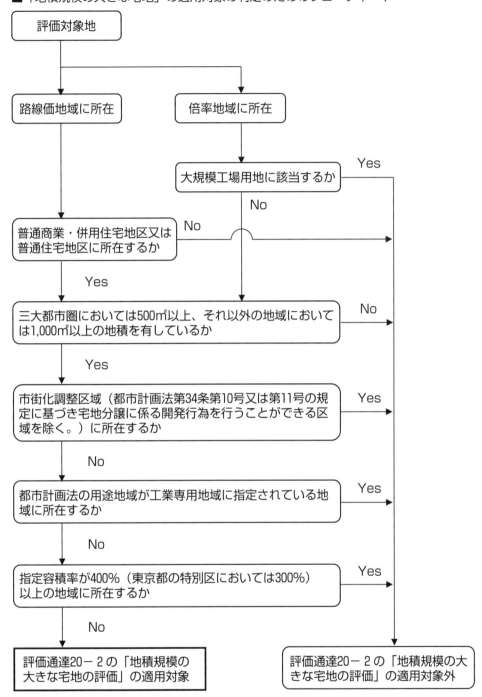

（平成30年１月１日以降用）「地積規模の大きな宅地の評価」の適用要件チェックシート（１面）

（はじめにお読みください。）
1　このチェックシートは、財産評価基本通達20-2に定める「地積規模の大きな宅地」に該当するかを確認する際にご使用ください（宅地等の評価額を計算するに当たっては、「土地及び土地の上に存する権利の評価明細書」をご使用ください。）。
2　評価の対象となる宅地等が、**路線価地域**にある場合は**A表**を、**倍率地域**にある場合は**A表及びB表**をご使用ください。
3　**「確認結果」欄の全てが「はい」の場合**にのみ、「地積規模の大きな宅地の評価」を適用して評価することになります。
4　「地積規模の大きな宅地の評価」を適用して申告する場合、このチェックシートを「土地及び土地の上に存する権利の評価明細書」に**添付**してご提出ください。

宅地等の所在地番			地　積			m²
所有者	住　所（所在地）		評価方式	路線価　・　倍率		
	氏　名（法人名）			（A表で判定）	（A表及びB表で判定）	
被相続人	氏　名		相続開始日又は受贈日			

【A表】

項　目	確認内容（適用要件）	確認結果	
面　積	○　評価の対象となる宅地等（※2）は、次に掲げる面積を有していますか。 ①　三大都市圏（注1）に所在する宅地については、**500㎡以上** ②　上記以外の地域に所在する宅地については、**1,000㎡以上**	はい	いいえ
地区区分	○　評価の対象となる宅地等は、路線価図上、次に掲げる地区のいずれかに所在しますか。 ①　**普通住宅地区** ②　**普通商業・併用住宅地区** ＊　評価の対象となる宅地等が倍率地域にある場合、普通住宅地区内に所在するものとしますので、確認結果は「はい」を選択してください。	はい	いいえ
都市計画（※1）	○　評価の対象となる宅地等は、市街化調整区域（注2）**以外**の地域に所在しますか。 ＊　評価の対象となる宅地等が都市計画法第34条第10号又は第11号の規定に基づき宅地分譲に係る開発行為（注3）ができる区域にある場合、確認結果は「はい」を選択してください。	はい	いいえ
	○　評価の対象となる宅地等は、都市計画の用途地域（注4）が「工業専用地域」（注5）に指定されている地域**以外**の地域に所在しますか。 ＊　評価の対象となる宅地等が用途地域の定められていない地域にある場合、「工業専用地域」に指定されている地域以外の地域に所在するものとなりますので、確認結果は「はい」を選択してください。	はい	いいえ
容積率（※1）	○　評価の対象となる宅地等は、次に掲げる容積率（注6）の地域に所在しますか。 ①　東京都の特別区（注7）に所在する宅地については、**300%未満** ②　上記以外の地域に所在する宅地については、**400%未満**	はい	いいえ

【B表】

項　目	確認内容（適用要件）	確認結果	
大規模工場用地	○　評価の対象となる宅地等は、「大規模工場用地」（注8）に**該当しない土地**ですか。 ＊　該当しない場合は「はい」を、該当する場合は「いいえ」を選択してください。	はい	いいえ

※1　都市計画の用途地域や容積率等については、評価の対象となる宅地等の所在する市（区）町村のホームページ又は窓口でご確認ください。
　2　市街地農地、市街地周辺農地、市街地山林及び市街地原野についても、それらが宅地であるとした場合に上記の確認内容（適用要件）を満たせば、「地積規模の大きな宅地の評価」の適用があります（宅地への転用が見込めないと認められるものを除きます。）。
　3　注書については、2面を参照してください。

（平成30年1月1日以降用）「地積規模の大きな宅地の評価」の適用要件チェックシート（2面）

（注）1　三大都市圏とは、次に掲げる区域等をいいます（具体的な市町村は下記の（表）をご参照ください。）。
　　　　① 首都圏整備法第2条第3項に規定する既成市街地又は同条第4項に規定する近郊整備地帯
　　　　② 近畿圏整備法第2条第3項に規定する既成都市区域又は同条第4項に規定する近郊整備区域
　　　　③ 中部圏開発整備法第2条第3項に規定する都市整備区域
　　　2　市街化調整区域とは、都市計画法第7条第3項に規定する市街化調整区域をいいます。
　　　3　開発行為とは、都市計画法第4条第12項に規定する開発行為をいいます。
　　　4　用途地域とは、都市計画法第8条第1項第1号に規定する用途地域をいいます。
　　　5　工業専用地域とは、都市計画法第8条第1項第1号に規定する工業専用地域をいいます。
　　　6　容積率は、建築基準法第52条第1項の規定に基づく容積率（指定容積率）により判断します。
　　　7　東京都の特別区とは、地方自治法第281条第1項に規定する特別区をいいます。
　　　8　大規模工場用地とは、一団の工場用地の地積が5万㎡以上のものをいいます。

（表）三大都市圏（平成28年4月1日現在）

圏名	都府県名		都市名
首都圏	東京都	全域	特別区、武蔵野市、八王子市、立川市、三鷹市、青梅市、府中市、昭島市、調布市、町田市、小金井市、小平市、日野市、東村山市、国分寺市、国立市、福生市、狛江市、東大和市、清瀬市、東久留米市、武蔵村山市、多摩市、稲城市、羽村市、あきる野市、西東京市、瑞穂町、日の出町
	埼玉県	全域	さいたま市、川越市、川口市、行田市、所沢市、加須市、東松山市、春日部市、狭山市、羽生市、鴻巣市、上尾市、草加市、越谷市、蕨市、戸田市、入間市、朝霞市、志木市、和光市、新座市、桶川市、久喜市、北本市、八潮市、富士見市、三郷市、蓮田市、坂戸市、幸手市、鶴ヶ島市、日高市、吉川市、ふじみ野市、白岡市、伊奈町、三芳町、毛呂山町、越生町、滑川町、嵐山町、川島町、吉見町、鳩山町、宮代町、杉戸町、松伏町
		一部	熊谷市、飯能市
	千葉県	全域	千葉市、市川市、船橋市、松戸市、野田市、佐倉市、習志野市、柏市、流山市、八千代市、我孫子市、鎌ケ谷市、浦安市、四街道市、印西市、白井市、富里市、酒々井町、栄町
		一部	木更津市、成田市、市原市、君津市、富津市、袖ケ浦市
	神奈川県	全域	横浜市、川崎市、横須賀市、平塚市、鎌倉市、藤沢市、小田原市、茅ヶ崎市、逗子市、三浦市、秦野市、厚木市、大和市、伊勢原市、海老名市、座間市、南足柄市、綾瀬市、葉山町、寒川町、大磯町、二宮町、中井町、大井町、松田町、開成町、愛川町
		一部	相模原市
	茨城県	全域	龍ケ崎市、取手市、牛久市、守谷市、坂東市、つくばみらい市、五霞町、境町、利根町
		一部	常総市
近畿圏	京都府	全域	亀岡市、向日市、八幡市、京田辺市、木津川市、久御山町、井手町、精華町
		一部	京都市、宇治市、城陽市、長岡京市、南丹市、大山崎町
	大阪府	全域	大阪市、堺市、豊中市、吹田市、泉大津市、守口市、富田林市、寝屋川市、松原市、門真市、摂津市、高石市、藤井寺市、大阪狭山市、忠岡町、田尻町
		一部	岸和田市、池田市、高槻市、貝塚市、枚方市、茨木市、八尾市、泉佐野市、河内長野市、大東市、和泉市、箕面市、柏原市、羽曳野市、東大阪市、泉南市、四條畷市、交野市、阪南市、島本町、豊能町、能勢町、熊取町、岬町、太子町、河南町、千早赤阪村
	兵庫県	全域	尼崎市、伊丹市
		一部	神戸市、西宮市、芦屋市、宝塚市、川西市、三田市、猪名川町
	奈良県	全域	大和高田市、安堵町、川西町、三宅町、田原本町、上牧町、王寺町、広陵町、河合町、大淀町
		一部	奈良市、大和郡山市、天理市、橿原市、桜井市、五條市、御所市、生駒市、香芝市、葛城市、宇陀市、平群町、三郷町、斑鳩町、高取町、明日香村、吉野町、下市町
中部圏	愛知県	全域	名古屋市、一宮市、瀬戸市、半田市、春日井市、津島市、碧南市、刈谷市、安城市、西尾市、犬山市、常滑市、江南市、小牧市、稲沢市、東海市、知多市、尾張旭市、高浜市、岩倉市、豊明市、日進市、愛西市、清須市、北名古屋市、弥富市、みよし市、あま市、長久手市、東郷町、豊山町、大口町、扶桑町、大治町、蟹江町、阿久比町、東浦町、南知多町、美浜町、武豊町、幸田町、飛島村
		一部	岡崎市、豊田市
	三重県	全域	四日市市、桑名市、木曽岬町、東員町、朝日町、川越町
		一部	いなべ市

（注）「一部」の欄に表示されている市町村は、その行政区域の一部が区域指定されているものです。評価対象となる宅地等が指定された区域内に所在するか否かは、当該宅地等の所在する市町村又は府県の窓口でご確認ください。

2 旧通達に定める広大地評価からの変遷

　ここでは、平成29年12月31日の相続まで適用されていた広大地評価について解説し、地積規模の大きな宅地に至るまでの変遷をみていきます。

1 広大地の定義（旧財産評価基本通達24-4より）

（広大地の評価）
　その地域における標準的な宅地の地積に比して著しく地積が広大な宅地で都市計画法第4条（（定義））第12項に規定する開発行為（以下本項において「開発行為」という。）を行うとした場合に公共公益的施設用地の負担が必要と認められるもの（22-2（（大規模工場用地））に定める大規模工場用地に該当するもの及び中高層の集合住宅等の敷地用地に適しているもの（その宅地について、経済的に最も合理的であると認められる開発行為が中高層の集合住宅等を建築することを目的とするものであると認められるものをいう。）を除く。以下「広大地」という。）の価額は、原則として、次に掲げる区分に従い、それぞれ次により計算した金額によって評価する。

　すなわち、①大工場用地、マンション用地に該当せず、②周辺の標準的な土地の面積に比べて著しく地積が大きく、③開発を行う際に潰れ地（公共公益的施設用地）が発生する土地は広大地となります。

2 補正率

$$広大地補正率＝0.6-0.05×\frac{地積}{1,000m^2}$$

補正率早見表

地積	補正率
1,000m²	0.55
2,000m²	0.50
3,000m²	0.45
4,000m²	0.40
5,000m²	0.35

ただし、5,000m²を超える面積でも補正率は0.35となります。

3 広大地の評価フロー

■広大地評価フローチャート

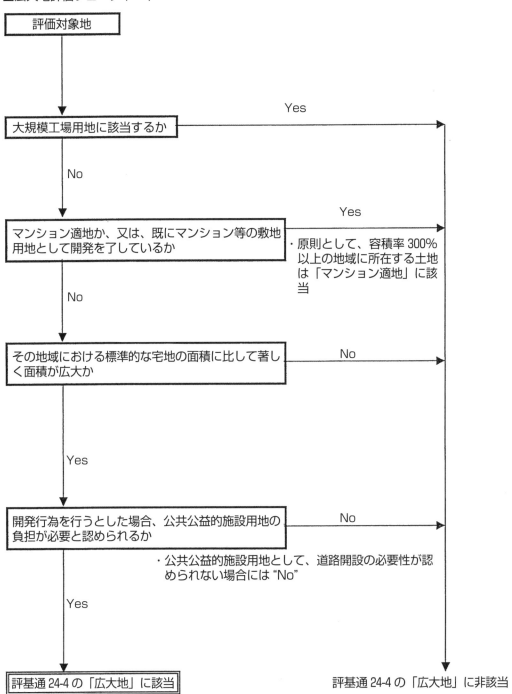

4 広大地の趣旨

　広大地は、平成16年に旧広大地制度が改正され、面積に応じた補正率が適用されることとなりました。その平成16年の国税庁資産評価企画官情報（以下「平成16年情報」という）を下記に引用します。

　1．従来の取扱い

　　広大地とは、その地域における標準的な宅地の地積に比して著しく規模が広大な宅地で、開発行為を行うとした場合に道路や公園等の公共公益的施設用地の負担が認められる宅地をいう。その広大地の価額は、次の算式で計算される割合（有効宅地化率）を奥行価格補正率に代えて画地補正を行って評価することとしていた。

$$※有効宅地化率＝\frac{広大地の地積－公共公益的施設用地となる部分の地積}{広大地の地積}$$

（参考）

　　通常の宅地の評価額＝正面路線価×奥行価格補正率×各種画地補正率×地積

　　通常の宅地の評価額＝正面路線価×有効宅地化率×各種画地補正率×地積

　2．通達改正の趣旨

　　従来の広大地の評価方法では、公共公益的施設用地となる部分の地積の判定に当たり、開発想定図等を作成する必要があったが、その作成には専門的な知識が必要なことから、その作成には苦慮する事例が多かった。また、従来の広大地の評価方法によらず、鑑定評価に基づいて申告又は更正の請求をする事例が目立つようになってきた。これらのことなどから、最近の鑑定評価事例を分析・検討するなどして、広大地の評価方法を見直すこととした。

　3．通達改正の概要

（1）広大地の評価方法

　　広大地については、上記のとおり、収集した鑑定評価実例を基に、1m²当たりの鑑定評価額が正面路線価に占める割合と評価対象地の地積との関係を統計学の手法（最小二乗法による回帰分析）を用いて分析・検討を行い、評価の簡便性や安全性にも配慮した次の算式により評価することとした。

　　広大地の価額　＝　正面路線価　×　広大地補正率　×　地積

　以上より、平成16年以前の有効宅地化率による減額率を適用していた時代から、広大地制度は「開発行為を行うとした場合に道路や公園等の公共公益的施設用地の負担」が発生することにより減額されるという考え方の下に成り立っていました。

　したがって、広大地評価では公共公益的施設用地の負担の発生しないマンション用地や、路地状敷地で区画割が可能な土地については適用がありませんでした。

　この考え方は地積規模の大きな宅地にも一部踏襲されていると考えられ、容積率が400％（東

京23区では300％）以上の地域では適用されないこととなっています。

　なお、鑑定評価においては「地積過大」という、面積が大きいことにより、総額の減少が見込まれる減価要因があります（減額率は鑑定士の判断）が、財産評価上で、そのような項目はなく、上記のとおり、戸建分譲用地で「潰れ地（公共公益的施設用地）」が発生する土地について、広大地による減額が認められていました。それが地積規模の大きな宅地の改正では潰れ地が発生しないような土地についても一律に減額が認められています。

■広大地に該当するケースの例（公共公益的施設用地の負担がある土地）

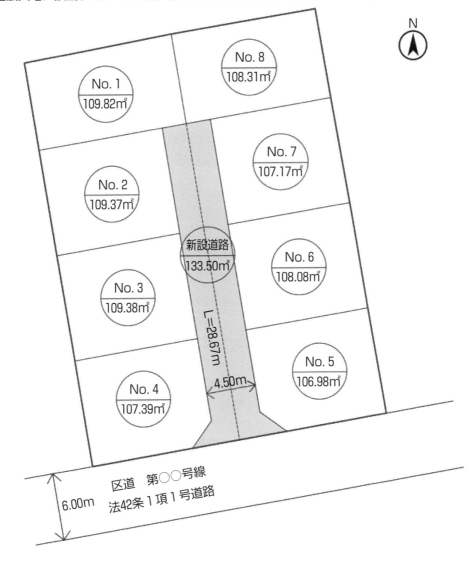

5 地積規模の大きな宅地への改正（国税庁HPより）

　従来の広大地の評価に係る広大地補正率は、個別の土地の形状等とは関係なく面積に応じて比例的に減額するものであるため、社会経済情勢の変化に伴い、広大地の形状によっては、それを加味して決まる取引価額と相続税評価額が乖離する場合が生じていた。

　このような状況の下、平成29年度税制改正の大綱（平成28年12月22日閣議決定）において、相続税等の財産評価の適正化を図るため、相続税法の時価主義の下、実態を踏まえて、広大地の評価について、現行の面積に比例的に減額する評価方法から、各土地の個性に応じて形状・面積に基づき評価する方法に見直すとともに、適用要件を明確化する旨明記された。このことを踏まえ、「地積規模の大きな宅地の評価」を新設し、その適用要件については、地区区分や都市計画法の区域区分等を基にすることにより「定量的（絶対的）」なものとし、明確化を図った。

　なお、これに伴い「広大地の評価」を廃止した。

「地積規模の大きな宅地の評価」の概要

　「地積規模の大きな宅地の評価」では、新たに「規模格差補正率」を設け、「地積規模の大きな宅地」を戸建住宅用地として分割分譲する場合に発生する減価のうち、主に地積に依拠する次の①から③の減価を反映させることとした。

① 戸建住宅用地としての分割分譲に伴う潰れ地の負担による減価（注）

　地積規模の大きな宅地を戸建住宅用地として分割分譲する場合には、一定の場合を除き、道路、公園等の公共公益的施設用地の負担を要することとなる。この負担により、戸建住宅用地として有効に利用できる部分の面積が減少することになるため、このようないわゆる「潰れ地」部分の負担が減価要因となる。

（注）この潰れ地の負担による減価、は主に地積に依拠する一方、奥行距離にも依拠することから、当該減価の一部は普通商業・併用住宅地区及び普通住宅地区の奥行価格補正率に反映させた。具体的には、改正前の数値では潰れ地の負担による減価を反映しきれていない奥行距離に係る奥行価格補正率の数値について、当該減価を適正に反映させるために見直すこととした。

② 戸建住宅用地としての分割分譲に伴う工事・整備費用等の負担による減価

　地積規模の大きな宅地を戸建住宅用地として分割分譲する場合には、住宅として利用するために必要な上下水道等の供給処理施設の工事費用の負担を要するとともに、開設した道路等の公共公益的施設の整備費用等の負担が必要となる。

　また、開発分譲地の販売・広告費等の負担を要する。

　開発分譲業者は、これらの費用負担を考慮して宅地の仕入れ値（購入価格）を決定することになるため、これらの工事・整備費用等の負担が減価要因となる。

③　開発分譲業者の事業収益・事業リスク等の負担による減価

　地積規模の大きな宅地を戸建住宅用地として分割分譲する場合には、開発分譲業者は、開発利益を確保する必要がある。

　また、開発する面積が大きくなるにつれ販売区画数が多くなることから、開発分譲業者は、完売までに長期間を要したり、売れ残りが生じるというリスクを負う。

　さらに、開発分譲業者は、通常、開発費用を借入金で賄うことから、開発の準備・工事期間を通じた借入金の金利の負担を要する。開発分譲業者は、これらを踏まえて宅地の仕入れ値（購入価格）を決定するため、これらが減価要因となる。

■筆者による解説

　上記によると、地積規模の大きな宅地の減価について、広大地評価の趣旨は引き継がれているものと考えられますが、公共公益的施設用地の負担が必要か否かの観点は含まれていないことになります。また、不動産鑑定士が鑑定評価の中で考慮する「市場性減価」についても記載はありません。

---

3 地積規模の大きな宅地に関する国税庁の質疑応答事例（国税庁HPより）

▶ 倍率地域に所在する場合の評価方法

【照会要旨】

　倍率地域に所在する「地積規模の大きな宅地」はどのように評価するのでしょうか。

【回答要旨】

　倍率地域に所在する「地積規模の大きな宅地」については、次のうちいずれか低い方の価額により評価します。

①　倍率方式により評価した価額

②　その宅地が標準的な間口距離及び奥行距離を有する宅地であるとした場合の1㎡当たりの価額を路線価とし、かつ、その宅地が普通住宅地区に所在するものとして「地積規模の大きな宅地の評価」に準じて計算した価額

(注)「その宅地が標準的な間口距離及び奥行距離を有する宅地であるとした場合の1㎡当たりの価額」は、付近にある標準的な画地規模を有する宅地の価額との均衡を考慮して算定する必要があります。具体的には、評価対象となる宅地の近傍の固定資産税評価に係る標準宅地の1㎡当たりの価額を基に計算することが考えられますが、当該標準宅地が固定資産税評価に係る各種補正の適用を受ける場合には、その適用がないものとしたときの1㎡当たりの価額に基づき計算します。

▶ 共有地の場合の地積規模の判定

【照会要旨】

　複数の者に共有されている宅地の場合、地積規模の要件を満たすかどうかは、共有者の持分に応じてあん分した後の地積により判定するのでしょうか。

【回答要旨】

　複数の者に共有されている宅地については、共有者の持分に応じてあん分する前の共有地全体の地積により地積規模を判定します。

〈例〉

　次の図のようなＡとＢに持分２分の１ずつで共有されている三大都市圏に所在する地積800m²の宅地については、ＡとＢの持分に応じてあん分した地積はそれぞれ400m²ずつとなりますが、持分に応じてあん分する前の共有地全体の地積は800m²であることから、三大都市圏における500m²以上という地積規模の要件を満たす宅地に該当します。

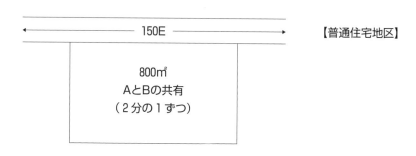

基準容積率が指定容積率を下回る場合の容積率の判定

【照会要旨】

　評価対象となる宅地は、指定容積率が400％以上の地域に所在しますが、前面道路の幅員に基づく容積率（基準容積率）は400％未満となります。

　このような場合には容積率の要件を満たすこととなりますか。

【回答要旨】

　「地積規模の大きな宅地の評価」の適用に係る容積率は、指定容積率（建築基準法第52条第１項）により判定します。

　したがって、指定容積率が400％以上（東京都の特別区においては300％以上）である場合には、前面道路の幅員に基づく容積率（基準容積率（建築基準法第52条第２項））が400％未満（東京都の特別区においては300％未満）であったとしても、容積率の要件を満たしません。

■筆者による解説

　この容積率についてのタックスアンサーは、「基準容積率ではなく指定容積率で判断する」としていることに要注意です。例えば、東京23区内の土地で、住居系の用途地域で指定容積率300％の地域に存しており、前面道路が４ｍの場合は基準容積率は160％となります。このような土地は、以前は広大地に該当した土地でした。

　すなわち、戸建分譲地が最有効使用、ということになりますが、指定容積率で判断されることから地積規模の大きな宅地は適用できません。

▶ 工業専用地域とそれ以外の用途地域にわたる場合の用途地域の判定

【照会要旨】

　評価対象となる宅地が工業専用地域とそれ以外の用途地域にわたる場合には、その宅地の所在する用途地域はどのように判定するのでしょうか。

【回答要旨】

　評価対象となる宅地が工業専用地域とそれ以外の用途地域にわたる場合には、その宅地の全部がその宅地の過半の属する用途地域に所在するものと判定します。

　したがって、例えば評価対象となる宅地が工業専用地域とそれ以外の地域にわたる場合において、その宅地の過半が工業専用地域に属しているときには、その宅地全体に工業専用地域に係る用途地域の制限が適用されるため、その宅地は工業専用地域に所在する宅地と判定します。よって、この場合には、評価対象となる宅地は「地積規模の大きな宅地の評価」の適用対象となりません。

▶ 市街地農地等

【照会要旨】

　市街地農地については「地積規模の大きな宅地の評価」の適用対象となるのでしょうか。

【回答要旨】

　市街地農地について、「地積規模の大きな宅地の評価」の適用要件を満たす場合には、その適用対象となります（市街地周辺農地、市街地山林及び市街地原野についても同様です。）。ただし、路線価地域にあっては、宅地の場合と同様に、普通商業・併用住宅地区及び普通住宅地区に所在するものに限られます。

　なお、市街地農地等であっても、①宅地へ転用するには多額の造成費を要するため、経済合理性の観点から宅地への転用が見込めない場合や、②急傾斜地などのように宅地への造成が物理的に不可能であるため宅地への転用が見込めない場合については、戸建住宅用地としての分割分譲が想定されませんので、「地積規模の大きな宅地の評価」の適用対象となりません。

▶ 指定容積率の異なる2以上の地域にわたる場合の容積率の判定

【照会要旨】

　評価対象となる宅地が指定容積率の異なる2以上の地域にわたる場合には、その宅地の容積率はどのように判定するのでしょうか。

【回答要旨】

　評価対象となる宅地が指定容積率（建築基準法第52条第1項）の異なる2以上の地域にわたる場合には、各地域の指定容積率に、その宅地の当該地域内にある各部分の面積の敷地面積に対する割合を乗じて得たものの合計により容積率を判定します。

〈例〉

　次の図のような宅地（地積1,400m²、三大都市圏以外の地域に所在）の指定容積率は、

$$\frac{400\% \times 875\text{m}^2 + 300\% \times 525\text{m}^2}{1{,}400\text{m}^2} = 362.5\%$$

となります。

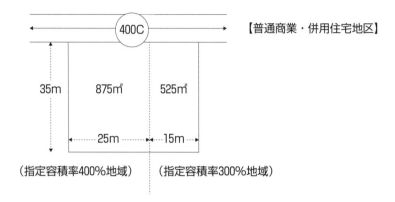

【普通商業・併用住宅地区】

（指定容積率400%地域）　（指定容積率300%地域）

■筆者による解説

　容積率が異なる地域に存する場合についてのタックスアンサーですが、国税庁は平均按分容積率で判断する、としています。また、前面道路により制限される場合にも基準容積率で判断せず、あくまで指定容積率で判断することとするようです。

▶ **計算例①　一般的な宅地の場合**

【照会要旨】

　次の図のような宅地（地積750m²、三大都市圏に所在）の価額はどのように評価するのでしょうか（地積規模の大きな宅地の評価における要件は満たしています。）。

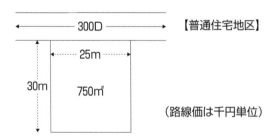

【普通住宅地区】

（路線価は千円単位）

【回答要旨】

1　規模格差補正率の計算（小数点以下第2位未満切捨て）

$$\frac{750\text{m}^2 \times 0.95 + 25}{750\text{m}^2} \times 0.8 \times = 0.78$$

2　評価額

<table>
<tr><td>路線価</td><td></td><td>奥行価格補正率</td><td></td><td>規模格差補正率</td><td></td><td>地積</td><td></td></tr>
<tr><td>300,000円</td><td>×</td><td>0.95</td><td>×</td><td>0.78</td><td>×</td><td>750m²</td><td>=166,725,000円</td></tr>
</table>

▶ 計算例② 用途地域が工業専用地域とそれ以外の地域にわたる場合

【照会要旨】

次の図のような宅地（地積4,000m²、三大都市圏以外の地域に所在）の価額はどのように評価するのでしょうか（用途地域以外の地積規模の大きな宅地の評価における要件は満たしています。）。

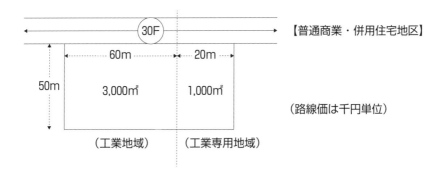

【回答要旨】

1　用途地域の判定

評価対象となる宅地が2以上の用途地域にわたる場合には、その宅地の全部がその宅地の過半の属する用途地域に所在するものと判定します。

上図の宅地については、敷地の過半（3,000m²）が工業地域に属していることから、その宅地の全部が工業地域内に所在するものと判定します。

したがって、上図の宅地は、その全部が「地積規模の大きな宅地の評価」の適用対象となります。

2　規模格差補正率の計算（小数点以下第2位未満切捨て）

$$\frac{4,000\text{m}^2 \times 0.85 + 250}{4,000\text{m}^2} \times 0.8 = 0.73$$

3　評価額

路線価	奥行価格補正率	規模格差補正率	地積	
30,000円×	0.89 ×	0.73 ×	4,000 m²	=77,964,000円

■筆者による解説

用途地域が工業専用地域に指定されている場合は、地積規模の大きな宅地の要件には該当しませんが、工業専用地域とそれ以外の用途地域の2以上の用途地域にわたる場合は、過半の属する地域で判断する、とされています。

現実的には、このように工業地域と工業専用地域に跨るような地域の場合は、地区区分は中小工場地区や大工場地区とされている可能性が高く、工業専用地域が住居系・商業系の用途地域と隣接しているケースはあまりないと思われます。

▶ 計算例③　指定容積率の異なる2以上の地域にわたる場合

【照会要旨】

　次の図のような宅地（地積1,400m²、三大都市圏以外の地域に所在）の価額はどのように評価するのでしょうか（容積率以外の地積規模の大きな宅地の評価における要件は満たしています。）。

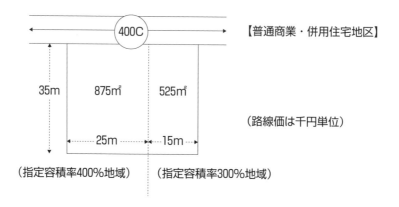

【回答要旨】

1　容積率の判定

　評価対象となる宅地が指定容積率の異なる2以上の地域にわたる場合には、各地域の指定容積率に、その宅地の当該地域内にある各部分の面積の敷地面積に対する割合を乗じて得たものの合計により容積率を判定します。

　したがって、上図の宅地の指定容積率は、

$$\frac{400\% \times 875\text{m}^2 + 300\% \times 525\text{m}^2}{1,400\text{m}^2} = 362.5\%$$

となり、容積率が400％未満となるため、その宅地の全部が「地積規模の大きな宅地の評価」の適用対象となります。

2　規模格差補正率（小数点以下第2位未満切捨て）

$$\frac{1,400\text{m}^2 \times 0.90 + 100}{1,400\text{m}^2} \times 0.8 = 0.77$$

3　評価額

路線価	奥行価格補正率	規模格差補正率	地積
400,000円×	0.97 ×	0.77 ×	1,400m²＝418,264,000円

▶ 計算例④　正面路線が2以上の地区にわたる場合

【照会要旨】

　次の図のような宅地（地積1,500m²、三大都市圏以外の地域に所在）の価額はどのように評価するのでしょうか（地区以外の地積規模の大きな宅地の評価における要件は満たしています。）。

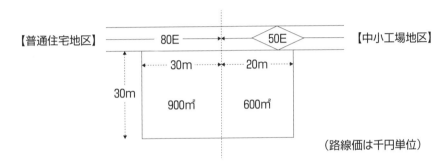

【普通住宅地区】 ── 80E ── ◇ 50E 【中小工場地区】

30m 20m

30m

900㎡ 600㎡

（路線価は千円単位）

【回答要旨】

1　地区の判定

　評価対象となる宅地の接する正面路線が2以上の地区にわたる場合には、その宅地の過半の属する地区をもって、その宅地の全部が所在する地区と判定します。

　上図の宅地の場合、普通住宅地区に属する部分の地積（900m²）が中小工場地区に属する部分の地積（600m²）よりも大きいことから、その宅地の全部が普通住宅地区に属するものと判定します。

　したがって、上図の宅地は、その全部が「地積規模の大きな宅地の評価」の適用対象となります。

2　規模格差補正率の計算（小数点以下第2位未満切捨て）

$$\frac{1,500\text{m}^2 \times 0.90 + 100}{1,500\text{m}^2} \times 0.8 = 0.77$$

3　評価額

　　　　　　　普通住宅地区の

　路線価　　奥行価格補正率　規模格差補正率　　地積

68,000円×　　0.95　　×　　0.77　　×1,500m² = 74,613,000円

※1　路線価の加重平均の計算

$$\frac{80,000\text{円} \times 30\text{m} + 50,000\text{円} \times 20\text{m}}{50\text{m}} = 68,000\text{円}$$

　2　原則として、判定した地区に係る画地調整率を用います。

▶ **計算例⑤　倍率地域に所在する宅地の場合**

【照会要旨】

　次の図のような倍率地域に所在する宅地（地積3,000m²、三大都市圏以外の地域に所在）の価額はどのように評価するのでしょうか（地積規模の大きな宅地の評価における要件は満たしています。）。

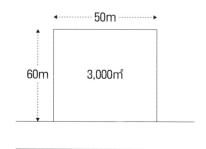

① 宅地の固定資産税評価額：105,000,000円

② 近傍の固定資産税評価に係る標準宅地の1m²当たりの価額：50,000円

③ 倍率：1.1倍

【回答要旨】

1　標準的な1m²当たりの価額の計算

倍率

$50,000円 \times 1.1 = 55,000円$

2　規模格差補正率（小数点以下第2位未満切捨て）

$$\frac{3,000m² \times 0.85 + 250}{3,000m²} \times 0.8 = 0.74$$

3　評価額

普通住宅地区の

奥行価格補正率　地積　規模格差補正率

$55,000円 \times 0.86 \times 0.74 \times 3,000m² = 105,006,000円$

$(< 105,000,000円 \times 1.1 = 115,500,000円)$

※1　倍率地域に所在する宅地は、普通住宅地区に所在するものとして計算します。

2　その宅地の固定資産税評価額に倍率を乗じて計算した価額が「地積規模の大きな宅地の評価」（財産評価基本通達20-2）に準じて計算した価額を上回る場合には、「地積規模の大きな宅地の評価」に準じて計算した価額により評価します。

▶ 計算例⑥　不整形地の場合

【照会要旨】

　次の図のような宅地（地積1,600m²、三大都市圏に所在）の価額はどのように評価するのでしょうか（地積規模の大きな宅地の評価における要件は満たしています。）。

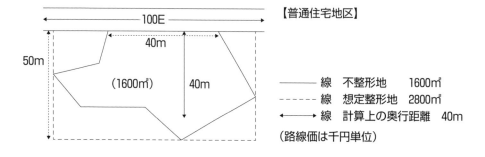

【回答要旨】

1　不整形地の計算上の奥行距離による奥行価格補正

$$\underset{\text{地積}}{1,600\text{m}^2} \div \underset{\text{間口距離}}{40\text{m}} = \underset{\text{計算上の奥行距離}}{40\text{m}} \qquad \underset{\text{想定整形地の奥行距離}}{(< 50\text{m})}$$

$$\underset{\text{路線価}}{100,000\text{円}} \times \underset{\substack{\text{奥行距離40m の場合}\\\text{の奥行価格補正率}}}{0.91} = \underset{\substack{1\text{平方メートル}\\\text{当たりの価額}}}{91,000\text{円}}$$

2　不整形地補正率

不整形地補正率0.92（普通住宅地区　地積区分Ｃ　かげ地割合42.88％）

$$\left[\text{かげ地割合} = \frac{\overset{\text{想定整形地の地積}}{2,800\text{m}^2} - \overset{\text{不整形地の地積}}{1,600\text{m}^2}}{2,800\text{m}^2} ≒42.86\% \right]$$

3　規模格差補正率の計算（小数点以下第2位未満切捨て）

$$\frac{1,600\text{m}^2 \times 0.90 + 75}{1,600\text{m}^2} \times 0.8 = 0.75$$

4　評価額

$$91,000\text{円} \times \underset{\text{不整形地補正率}}{0.92} \times \underset{\text{規模格差補正率}}{0.75} \times \underset{\text{地積}}{1,600\text{m}^2} = 100,464,000\text{円}$$

4　地積規模の大きな宅地を評価する際の注意点

1　広大地制度と比較して

　広大地制度はマンション用地か否かの判定、開発行為を行うとした場合に公共公益的施設用地の負担が必要か否か、その辺りの判断が難しい点が多くありました。

　地積規模の大きな宅地については容積率等を調べる必要はありますが、基本的にマンション用地の判定を行うことはありません（マンションの敷地も地積規模の大きな宅地の適用の可能性があります）。また、奥行距離等で公共公益的施設用地の有無を判定する必要もありません。

　したがって、広大地評価から地積規模の大きな宅地になったことで、広大地評価のような判断は必要がなくなったともいえます。

2　注意点

1　単価の違いが大きな差となって表れる

　上記のようにマンション用地や潰れ地の判断がなくなったことは、ある意味では評価が容易になったといえますが、筆者はむしろ評価の難易度が上がったのではないかとも考えています。

　広大地評価では奥行価格補正、不整形補正等の補正率が広大地補正率に内包されていたため、広大地評価が適用できる土地は路線価に広大地補正率を乗じ、他の補正率（都市計画道路や生

産緑地等）を乗じるケースもあるにせよ、計算自体は複雑ではありませんでした。

しかし、地積規模の大きな宅地は「規模格差補正率」として通常の評価明細書の補正率に組み込まれることになったことから、規模の大きい土地については、少しの単価の差が総額に大きく反映されることとなりました。

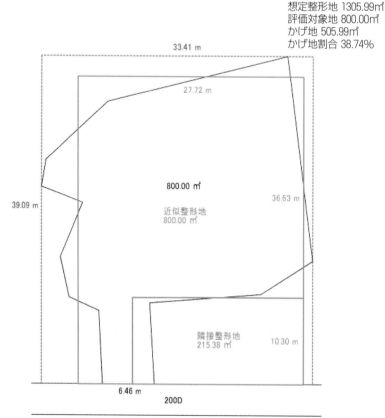

想定整形地 1305.99㎡
評価対象地 800.00㎡
かげ地 505.99㎡
かげ地割合 38.74%

間口距離　6.46m
奥行距離
　　計算上の奥行
　　800.00m²÷6.46m＝123.46m
　想定整形地の奥行　39.09m
　　上記より39.09m

①　近似整形地と隣接整形地を合わせた全体の整形地の奥行価格補正後の価額
　　200,000円／m²×0.92×（800.00m²+215.38m²）＝186,829,920円
②　隣接整形地の奥行価格補正後の価額
　　200,000円／m²×1.00×215.38m²＝43,016,000円
③　①から②を控除した近似整形地の価額
　　186,829.920円－43,076,000円＝143,753,920円（179,692円／m²）

このように不整形な土地は、広大地評価であれば面積のみで補正率が確定しましたが、地積規模の大きな宅地に改正されてからは、通常の評価の流れになるため、近似整形地等の図も作成する必要があり、地積が大きいため評価の誤りが総額に大きく反映されてしまうことに注意する必要があります。

② 時価を推測することが必要となる

　広大地評価は適用の要件を満たせば相当な減額をすることができたことから、時価評価額をきちんと把握せずともそれで済んでいた部分があります。

　しかし、地積規模の大きな宅地を適用して評価した土地は広大地評価額よりも高くなるケースが多いと考えられることから、きちんと時価の面でも検証する必要が出てくると思われます。

5 データによる検証

　ここでは、筆者が独自に分析した結果を記述します。

　広大地の改正時に「収集した鑑定評価実例を基に、１m²当たりの鑑定評価額が正面路線価に占める割合と評価対象地の地積との関係を統計学の手法（最小二乗法による回帰分析）を用いて分析・検討」という言葉があったことから、具体的に広大地意見書を書いてきた土地について、旧広大地、広大地、地積規模の大きな宅地として評価額を出し、面積との関係を分析しました。事例としては面積に偏りがないように幅広い面積帯から事例を選択しました。度数分布表としては下記のようになり、計48件の事例から検証を行いました。

　また、最小二乗法による回帰分析については Microsoft Excel にてデータから散布図を作成し、近似曲線を描くこととしました。

度数分布表

面積帯（m²）	件数
500～1,000	9
1,000～2,000	9
2,000～3,000	11
3,000～4,000	10
4,000～5,000	4
5,000～10,000	5
計	48

■収集した広大地データの具体例

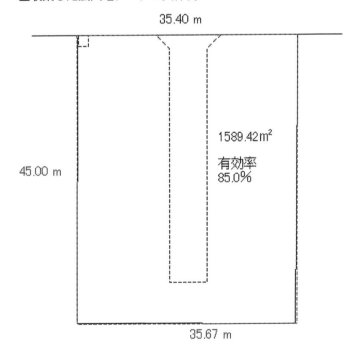

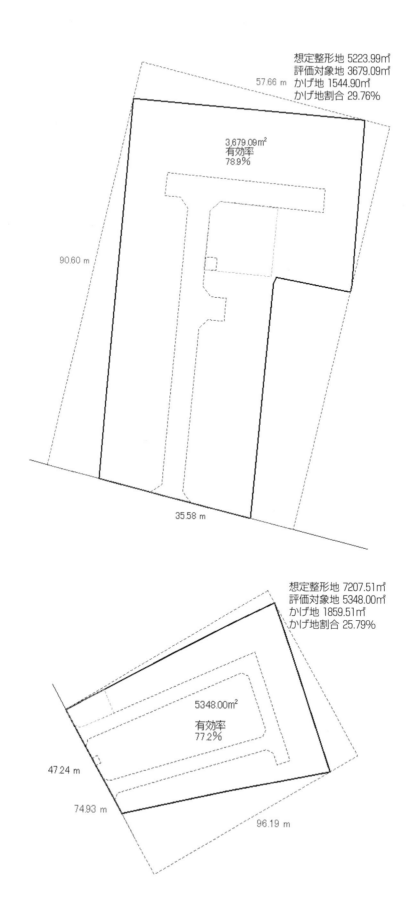

想定整形地 5223.99㎡
評価対象地 3679.09㎡
かげ地 1544.90㎡
かげ地割合 29.76%

57.66 m

3,679.09㎡
有効率
78.9%

90.60 m

35.58 m

想定整形地 7207.51㎡
評価対象地 5348.00㎡
かげ地 1859.51㎡
かげ地割合 25.79%

5348.00㎡

有効率
77.2%

47.24 m

74.93 m

96.19 m

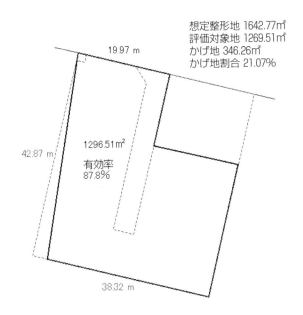

想定整形地 1642.77㎡
評価対象地 1269.51㎡
かげ地 346.26㎡
かげ地割合 21.07%

19.97 m

42.87 m

1296.51m²
有効率
87.8%

38.32 m

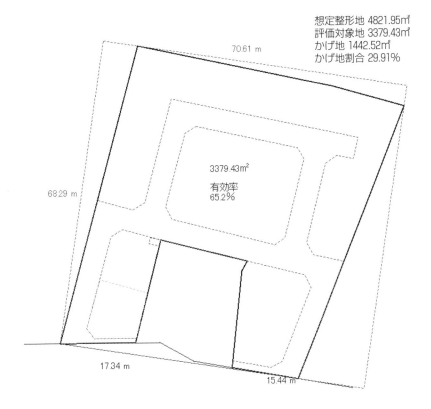

想定整形地 4821.95㎡
評価対象地 3379.43㎡
かげ地 1442.52㎡
かげ地割合 29.91%

70.61 m

68.29 m

3379.43m²
有効率
65.2%

17.34 m

15.44 m

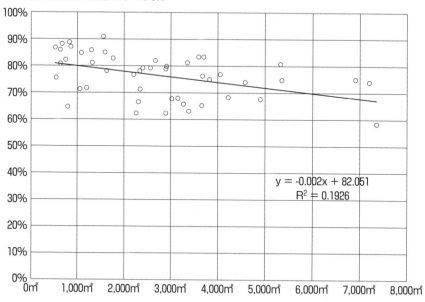

想定整形地 4831.68㎡
評価対象地 2870.99㎡
かげ地 2260.69㎡
かげ地割合 46.78%

75.92 m

77.83 m

2570.99㎡

有効率
88.2%

62.08 m

■面積と旧広大地補正率の関係

y = -0.002x + 82.051
R² = 0.1926

■面積と広大地補正率の関係

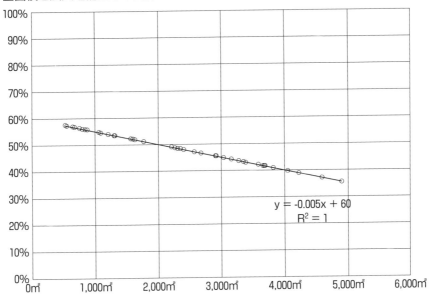

y = -0.005x + 60
R² = 1

■面積と個別格差率の関係（規模格差補正率適用）

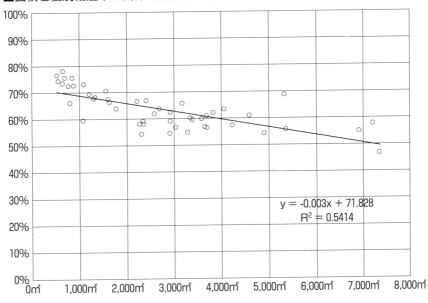

y = -0.003x + 71.828
R² = 0.5414

■面積と有効率の関係

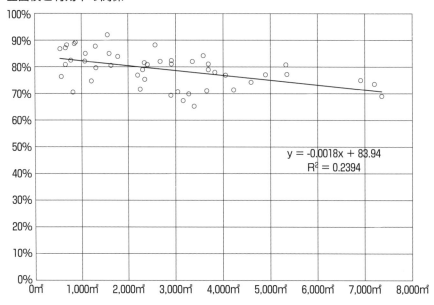

$$y = -0.0018x + 83.94$$
$$R^2 = 0.2394$$

　検証を行った結果、旧広大地、広大地、地積規模の大きな宅地で比較を行うと、旧広大地が最も近似曲線の傾きが緩やかとなりました。広大地は規定の補正率に従っていることから、散布図にブレもなく、最も近似曲線の傾きが急です。傾きが急であるということは面積が大きくなるにつれ、減額率が最も大きくなるということを示しています。地積規模の大きな宅地については、旧広大地と広大地の中間に位置し、やはり広大地補正率よりは減額率は低くなっています。なお、地積規模の大きな宅地の制度改正の際、奥行価格補正率も減額率が高くなりましたが、それを加味してもやはり広大地の方が減額率は高い、ということになりました。減額率の高い順番に、①広大地、②地積規模の大きな宅地、③旧広大地、ということになります。

　分析の2つ目として、旧広大地制度から広大地制度に改正された際、上記平成16年情報によると「1m²当たりの鑑定評価額が正面路線価に占める割合と評価対象地の地積との関係を統計学の手法（最小二乗法による回帰分析）を用いて分析・検討」と記載されていることから、「面積と鑑定評価額単価が標準的画地価格単価に占める割合との関係」「面積と鑑定評価額単価が正面路線価に占める割合」を分析することとしました。条件としては下記のとおりです。

●広大地評価が適用される一般的な郊外の住宅地域をイメージし、一律で路線価12万円、標準的画地価格（戸建用地の販売価格単価）を15万円として評価額を査定。

●販売する各宅地の個別的要因（方位、形状等）については簡便化のため考慮しない。

●投下資本収益率は12％、宅地造成費は20,000円／m²（平坦な土地に新設道路を敷設することをイメージした。また、公園設置等の造成の難易により差が出るが、スケールメリットによる単価安を考慮し、統一した）とする。

■面積と正面路線価に対する鑑定評価単価割合の関係

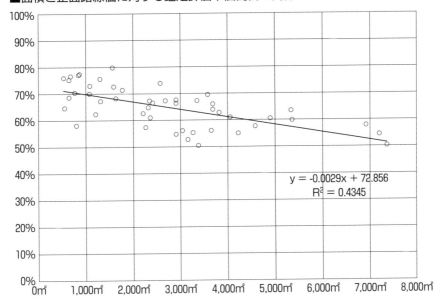

$$y = -0.0029x + 72.856$$
$$R^2 = 0.4345$$

　分析結果からは、広大地の改正時の 「1㎡当たりの鑑定評価額が正面路線価に占める割合」という文言はやはり「標準的画地単価に占める割合」の方が適切ではないかと考えられます。また、「鑑定評価額単価と路線価・標準的画地単価の関係と地積規模の大きな宅地の近似曲線の傾きの大きさが近かった」ということがいえ、このことから、地積規模の大きな宅地の改正は実態を反映した改正であったともいえます。

　そして、そうなると、通常の大規模地の場合は、鑑定評価を行う機会がほぼなくなるということも意味しています(路線価は地価公示価格の80％の水準であることから、傾きが近ければ、水準が低い路線価からスタートした地積規模の大きな宅地の評価の方が評価額は低くなります)。

　それではどのような土地が鑑定評価を適用すべき土地になるのでしょうか。以下の土地は注意すべきです。

●傾斜度が大きい土地

●中小工場地区内で戸建分譲に適した土地（地積規模の大きな宅地適用不可）

●500㎡未満でミニ開発が適した土地（地積規模の大きな宅地適用不可）

●指定容積率が300％（東京23区内）で以前広大地制度が使えたであろう土地（前面道路による容積率の制限があるような土地）

　不動産評価はその不動産が持つ個別性を把握し、それを見落とさず、適切に評価する目を持つことが最も重要となります。

地球規模の大きな宅地について、鑑定評価との比較

　地積規模の大きな宅地について、制度趣旨や広大地との比較の観点から解説してきましたが、ここで不動産鑑定士の観点からコラムとして私見を述べてみたいと思います。

　まず、上記でも述べたように、地積規模の大きな宅地は「戸建住宅用地として分割分譲する場合に発生する減価のうち、主に地積に依拠する次の①から③の減価を反映させることとした」と書かれているように、下記①〜③の要素が考慮されていると判断されます。

① 　戸建住宅用地としての分割分譲に伴う潰れ地の負担による減価

② 　戸建住宅用地としての分割分譲に伴う工事・整備費用等の負担による減価

③ 　開発分譲業者の事業収益・事業リスク等の負担による減価

　一方、不動産鑑定士が鑑定評価の参考とする『七次改訂　土地価格比準表』（住宅新報社）では、住宅地の地積による減価について、下記のとおり記載されています。これは地積が大きい土地だけでなく、地積過小な土地についての減価としても記載されています。

基準値＼対象地	普　通	やや劣る	劣　る	地積の過大又は過少の程度について、次により分類し比較を行う。
普　通	1.00	0.93	0.85	普　通　標準的な画地の地積と同程度の画地 やや劣る　標準的な画地の地積より過大又は過小であるため、画地利用上の阻害の程度が大きい画地
やや劣る	1.08	1.00	0.92	
劣　る	1.18	1.09	1.00	劣　る　標準的な画地の地積より過大又は過小であるため、画地利用上の阻害の程度が相当に大きい画地

　また、上記『七次改訂　土地価格比準表』の解説書である『七次改訂　土地価格比準表の手引き』（住宅新報社）では地積の項目で下記のように述べられています（下線は筆者によります）。

　「地積については、その最適の大きさは、対象画地が属する用途的地域ごとにそれぞれ異なり、地積が過大であれば、標準的な面地の地積に分割するために減歩や費用を要したり、地積が過小であればその利用価値が減ずることなどの理由により、単位面積当たりでいえば劣等の評価を受けることとなる。

　（中略）

（ア）　地積

　地積過大又は過小の程度は、対象地域の標準的な画地の地積と比較して判定することとなる。地積過大地は、地域内の標準的な規模の画地として利用する場合に潰地等が生ずること、及び<u>標準画地に比較して市場性が劣ることにより減価が生じるものである</u>。地積過小地は対象地域の標準的使用ができない画地であることにより減価が生ずるものである。」

　ここからわかるように、鑑定評価の観点から書かれている上記『土地価格比準表の手引き』では、地積過大地について「標準画地に比較して市場性が劣ることにより減価が生じるもの」と明記されていますが、上記の「地積規模の大きな宅地の趣旨」で記載されている３つの減価（潰れ地の負担、工事・整備費用等の負担、事業収益・リスク等の負担）にはこの市場性減価は含まれ

ていないことがわかります。

　地積規模の大きな宅地では、三大都市圏では500m²以上が対象となりますが、仮に住宅地で地域の標準的画地面積が100m²、対象不動産の面積が300m²の場合は、一般的に鑑定評価では地積過大による減価を見ることになります。

　また、裁決事例では「購入者の範囲が狭まることによって、当然に当該土地の取引価格が低下するという関係にあるとはいえない」という国税不服審判所の判断があるように、税務上の財産評価の面では「市場性減価」について否定的な部分があり、地積規模の大きな宅地については、鑑定評価の考え方とは共通する部分もある一方で、一致しない部分もあります。

Ⅱ 土砂災害特別警戒区域

1 土砂災害特別警戒区域による減額規定の制定

1 制度の趣旨

　平成31年1月1日以後開始の相続について、財産評価上、土砂災害特別警戒区域に含まれている土地の減額が認められることとなりました。近年、土砂災害による被害が増加し、ニュース等でも報道される機会が多くなってきました。そのような社会情勢から、財産評価においても減額が認められることとなりました。

　制度の趣旨説明を国税庁ホームページで確認すると、次のとおりです。

土砂災害特別警戒区域内にある宅地の評価

> 　近年、土砂災害特別警戒区域の指定件数が増加していることを踏まえ、土砂災害特別警戒区域内にある宅地の評価に当たり、その宅地に占める土砂災害特別警戒区域内となる部分の地積の割合に応じて一定の減額補正を行うこととした。（評価通達20-6＝新設、13、20-5、20-7、付表9＝改正）

1　通達制定の趣旨

　土砂災害防止法では、都道府県知事は、急傾斜地の崩壊等が発生した場合に、住民等の生命又は身体に危害が生ずるおそれがあると認められる区域で一定のものを土砂災害警戒区域（以下「警戒区域」という。）として指定することができ、この警戒区域のうち、急傾斜地の崩壊等が発生した場合に、建築物に損壊が生じ住民等の生命又は身体に著しい危害が生ずるおそれがあると認められる区域で一定のものを土砂災害特別警戒区域（以下「特別警戒区域」という。）として指定することができる（土砂災害防止法7、9）。

　このうち、特別警戒区域内にある宅地については、建築物の構造規制（土砂災害防止法24、25）が課せられ、宅地としての通常の用途に供するとした場合に利用の制限があると認められることから、特別警戒区域内に存しない宅地の価額に比して、一定の減価が生ずるものと考えられる。

　そして、近年、特別警戒区域の指定件数が増加しており、また、土砂災害防止法第4条に基づく特別警戒区域の指定等に係る基礎調査が平成31年度を目途に完了することが見込まれていることから、今後、更なる指定件数の増加が想定される。

　このような状況を踏まえ、今般、特別警戒区域内にある宅地の評価方法を定めることとした。

2 財産評価上の減額

　財産評価では「土砂災害特別警戒区域」、いわゆるレッドゾーンと言われている箇所についてのみ減額が認められています。その土砂災害特別警戒区域について、特別警戒区域の地積が評価対象地に対して占める割合に対して、減額率が定められています。

　また、宅地でがけ地等を有する場合、がけ地補正率と併せて土砂災害特別警戒区域の減額を適用することができます。

　どのような減額となるか、引き続き国税庁ホームページの解説から確認します（下線は著者による）。

2　通達改正の概要等

(1)　「土砂災害特別警戒区域内にある宅地の評価」の適用対象

　<u>「土砂災害特別警戒区域内にある宅地の評価」の適用対象となる宅地は、課税時期において、土砂災害防止法の規定により指定された特別警戒区域内にある宅地である(注)。</u>したがって、従前、特別警戒区域内にあったが、土砂災害の防止に関する工事の実施等により、特別警戒区域の指定の事由がなくなったと認められ、課税時期前に特別警戒区域の指定が解除された場合には、「土砂災害特別警戒区域内にある宅地の評価」の適用対象とはならない。

(注)　特別警戒区域の指定及び解除は、公示によってその効力を生ずることとされている（土砂災害防止法9⑥、⑨）ことから、当該公示の有無により特別警戒区域の指定及び解除を判断することとなる。

　なお、警戒区域については、市町村地域防災計画による警戒避難体制の整備、土砂災害ハザードマップによる周知など、市町村長等に義務は課せられているが、特別警戒区域に指定されない限り、宅地としての利用は法的に制限されない。さらに、警戒区域に指定されることにより、当該区域について一定の土砂災害発生の危険性の存在が公表されるが、一般に、警戒区域内にある宅地は、背後にがけ地が控える場合や谷・渓流の近くに存する場合など、区域指定以前から当該危険性の存在は認識されている場合が多く、また、土砂災害発生の危険性は警戒区域内外にわたり比較的広範囲に及んでいることから、土地価格の水準に既に織り込まれているとも考えられる。

　したがって、警戒区域内にあるとしても、特別警戒区域内に存しない宅地については、「土砂災害特別警戒区域内にある宅地の評価」の適用対象としていない。

(2)　「土砂災害特別警戒区域内にある宅地の評価」の評価方法

　特別警戒区域内にある宅地における建築物の構造規制に伴う減価としては、①構造強化等に係る対策費用の負担による減価及び②建築物の敷地として利用できないことによる減価が考えられる。ただし、経済合理性の観点からは、多額の対策費用を要する場合には、その費用を投じてまで建築物の敷地として利用することは通常考えられず、駐車場等として利用すると考えられることから、当該規制に伴う減価は、②の減価が下限値となる。これに加えて、①の減価については、汎用性のある対策費用の負担による減価の見積もりが困難であることや評価の簡

便性を考慮すると、②の減価を反映した評価方法とすることが相当である。

　そこで、特別警戒区域内となる部分を有する宅地の価額については、その宅地のうちの特別警戒区域内となる部分が特別警戒区域内となる部分でないものとした場合の価額に、その宅地の総地積に対する特別警戒区域内となる部分の地積の割合に応じて、次の「特別警戒区域補正率表」に定める補正率を乗じて計算した価額によって評価することとした。

　なお、特別警戒区域は、基本的には地勢が傾斜する地域に指定されることから、特別警戒区域内にある宅地にはがけ地を含む場合もあると考えられるところ、評価通達20-5（（がけ地等を有する宅地の評価））における付表8に定めるがけ地補正率の適用がある場合においては、次の「特別警戒区域補正率表」により求めた補正率にがけ地補正率を乗じて得た数値を特別警戒区域補正率とすることとし、その最小値は0.50とした。

○特別警戒区域補正率表

特別警戒区域の地積 総　地　積	補正率
0.10以上	0.90
0.40 〃	0.80
0.70 〃	0.70

(3)　倍率地域に所在する特別警戒区域内にある宅地

　倍率方式により評価する地域（以下「倍率地域」という。）に所在する宅地の価額は、その宅地の固定資産税評価額に倍率を乗じて評価することとしている（評価通達21-2）。

　特別警戒区域内の宅地の固定資産税評価額の算定については、特別警戒区域の指定による土地の利用制限等が土地の価格に影響を与える場合には、当該影響を適正に反映させることとされており、特別警戒区域に指定されたことに伴う宅地としての利用制限等により生ずる減価は、既に固定資産税評価額において考慮されていると考えられる。

　したがって、倍率地域に所在する特別警戒区域内にある宅地については、「土砂災害特別警戒区域内にある宅地の評価」の適用対象としていない。

(4)　市街地農地等への適用関係

　市街地農地、市街地周辺農地、市街地山林及び市街地原野（以下、これらを併せて「市街地農地等」という。）については、評価通達39（（市街地周辺農地の評価））、40（（市街地農地の評価））、49（（市街地山林の評価））及び58-3（（市街地原野の評価））の定めにおいて、その農地等が宅地であるとした場合を前提として評価（宅地比準方式により評価）することとしているところ、市街地農地等が特別警戒区域内にある場合、その農地等を宅地に転用するときには、宅地としての利用が制限され、これによる減価が生ずることになる。

　したがって、市街地農地等が特別警戒区域内にある場合には、「土砂災害特別警戒区域内にある宅地の評価」の適用対象となる。

　また、雑種地の価額は、近傍にある状況が類似する土地に比準した価額により評価する（評

価通達82）ところ、評価対象となる雑種地の状況が宅地に類似する場合には宅地に比準して評価することとなり、農地等に類似する場合には農地等に比準して評価することとなる。このとき、市街化区域内の農地等の価額は宅地比準方式により評価することとしていることから、市街化区域内の雑種地についても、宅地比準方式により評価することとなる。

このような宅地に状況が類似する雑種地又は市街地農地等に類似する雑種地が特別警戒区域内にある場合、その雑種地を宅地として使用するときには、その利用が制限され、これによる減価が生ずることになる。

したがって、宅地に状況が類似する雑種地又は市街地農地等に類似する雑種地が特別警戒区域内にある場合には、「土砂災害特別警戒区域内にある宅地の評価」の適用対象となる。

(5)　具体的な計算例

「土砂災害特別警戒区域内にある宅地の評価」の具体的な計算例を示せば、次のとおりである。

（設例１）特別警戒区域内にある宅地の場合

① 　総地積：400

② 　特別警戒区域内となる部分の地積：100m²

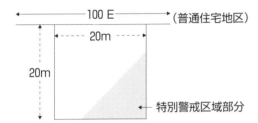

【計算】

1 　総地積に対する特別警戒区域となる部分の地積の割合

$$\frac{100m^2}{400m^2} = 0.25$$

2 　評価額

（路線価）　　（奥行価格補正率）　　（特別警戒区域補正率）　　（地積）

100,000円×　　　1.00　　×　　　0.90　　×400m²＝36,000,000円

（設例２）特別警戒区域内にある宅地でがけ地等を有する場合

① 　総地積：400m²

② 　特別警戒区域内となる部分の地積：300m²

③ 　がけ地（南方位）の地積：200m²

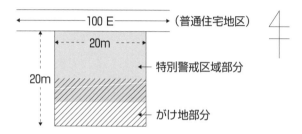

【計算】

1　総地積に対する特別警戒区域となる部分の地積の割合

$$\frac{300\text{m}^2}{400\text{m}^2} = 0.75$$

2　総地積に対するがけ地部分の地積の割合

$$\frac{200\text{m}^2}{400\text{m}^2} = 0.5$$

3　特別警戒区域補正率

（特別警戒区域補正率表の補正率）　（南方位のがけ地補正率）　（特別警戒区域補正率）

　　　　0.70　　　　　　×　　　　0.82　　　＝　　　0.57（※）（小数点以下2位未満を切捨て）

※　0.50未満の場合は、0.50となる。

4　評価額

（路線価）　　（奥行価格補正率）　　（特別警戒区域補正率）　（地積）

100,000円×　　1.00　　×　　0.57　　× 400 ＝22,800,000円

(6)　適用時期

　平成31年1月1日以後に相続、遺贈又は贈与により取得した財産の評価に適用することとした。

2　評価上の注意点

1　土砂災害特別警戒区域は、どこで調査すればよいか

　土砂災害特別警戒区域については、一般的な都市計画情報（インターネットの都市計画や都市計画課等の窓口）の確認方法では確認することができません。土砂災害特別警戒区域は市区町村ではなく、都道府県の管轄となるため、土砂災害特別警戒区域を担当している土木事務所、治水事務所で資料を入手することとなります。

　まずは都道府県の土砂災害特別警戒区域を管理しているHPから対象不動産が当該区域に該当しているか否かを調査しましょう。

■東京都　土砂災害警戒区域等マップ（http：//www2.sabomap.jp/tokyo/）

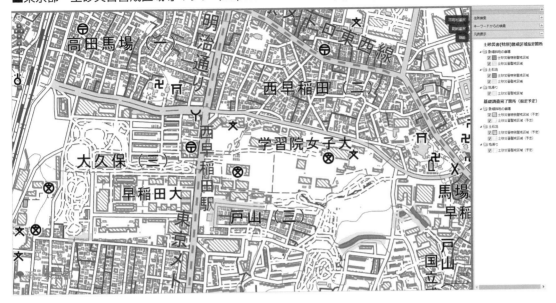

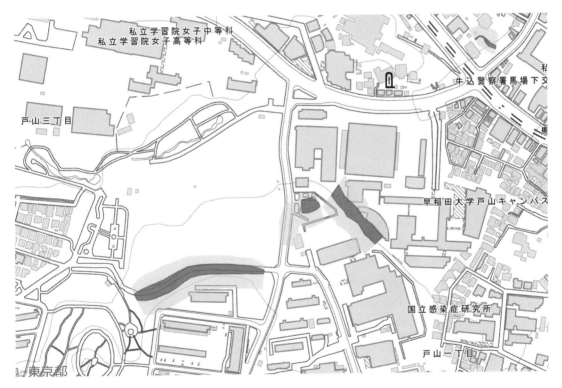

■神奈川県土砂災害情報ポータル
(http://dosyasaigai.pref.kanagawa.jp/website/kanagawa/gis/index.html)

各都道府県のマップを確認したら、その管轄の事務所に「土砂災害特別警戒区域について測量等を行っている図面があるか否か」を電話等で確認しましょう。

　上記の神奈川県の例では、横浜川崎治水事務所であれば測量を行っているため、座標が入った図面が備え付けられています。

　一方、東京都の管轄事務所（都庁又は多摩地区の建築事務所）は、HPで公表している1/1000の図面のみで、座標が記載された測量図等はないようです。

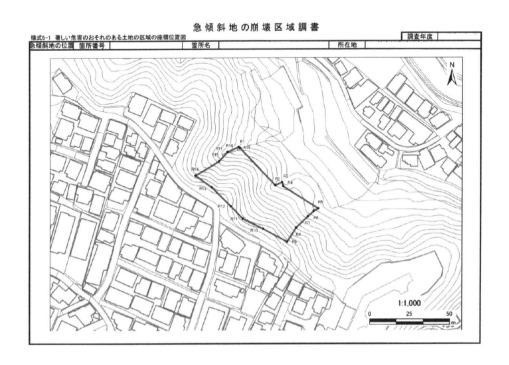

2 地籍調査を行っている地域かの確認

地籍調査を行っている地域であれば第1部で述べたように座標の図面を市役所等で入手することができます。ただし、地籍調査について、古い時代（昭和等）に測量を行っているものは座標値が入った図面がないケースもあります。地籍調査を行っており、土砂災害特別警戒区域についても座標が入った図面を入手することができれば記載された座標値と組み合わせることで正確な面積を計測することが可能です。

第1部で述べたように、地籍調査状況マップのHPから、地籍調査を行っている地域を確認してみましょう。また、公共座標で座標値と対象地の座標を組み合わせることが可能である場合は第2部で述べたように座標ファイルを作成し、Jw_cadで復元することで正確な重ね図を作成することができます。

また、地籍調査を行っていない地域であっても、法務局に備付けの地積測量図が公共座標を使って測量されていたり、対象地自体は地積測量図の備付けはなくても、隣接地の筆の測量図があり、公共座標を用いて計測し、道路境界確定図も公共座標で計測されていれば、こちらも組み合わせることで相当程度、正確な図面を作成することができます。

3 地籍調査を行っていない地域の場合

地籍調査を行っていない地域については、法務局の地積測量図を入手し、「世界測地系」の座標の図面があるかを確認します（逆に地籍調査を行っている地域は法務局に地積測量図はありません）。座標が入っていても「日本測地系」は変換の必要があり、「任意座標」はそのままでは組み合わせることは困難です。

したがって、下記の場合に応じて区分けが必要になります。

① 公図が1/500等、公図の枠に座標が記載されている地域

……土砂災害特別警戒区域について、座標入り図面があればそれと組み合わせます。もしその図面がなければ入手できる範囲の警戒区域の図面と組み合わせます。

② 公図が1/600等、公図の精度が高くなく、枠に座標が記載されていない地域

……この場合、法務局の地積測量図があるか否かを確認しましょう。また、測量図がある場合、下記のように世界測地系で測量がされており、さらに土砂災害特別警戒区域について、座標入り図面がある場合には座標で組み合わせることが可能です。

測　地　系	日本測地系
座　標　系	Ⅸ系
測量年月日	平成22年1月19日

また、地積測量図がない場合、公図又は地番図、建物図面の配置図等と重ねることになりま

す。住宅地図とも照合し、可能な限り土砂災害特別警戒区域の図面と合致するように重ね図を作成し、面積を測定してみましょう。

■土砂災害特別警戒区域に指定されている現場

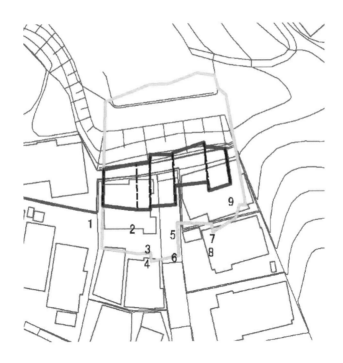

上記の土砂災害警戒区域の図面について、縮尺を合わせ、地積測量図を重ねると下記のようになります。

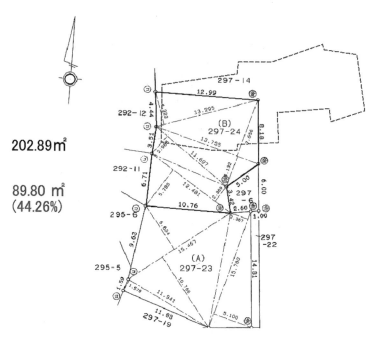

　第2部で座標を復元する練習を行ってきました。地籍調査を行っている箇所であれば座標は世界測地系（古いものは日本測地系もあります）が多く、公図の枠と組み合わせることが可能です。

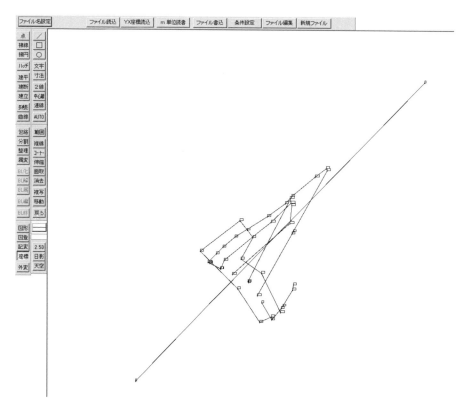

右上から左下の斜めの線が公図の枠の右上、左下を表しており、これらの点を垂直水平にそれぞれ線を延ばすと公図の枠が復元できます。なお、線の寸法を指定せずにそれぞれ垂直、水平に交差させても枠はできますが、公図の枠は 1/500の場合は125m×126m となっています。したがって、寸法の欄に「125000」「126000」と入力して線を引くと（寸法は mm 単位）ぴったりの寸法の枠ができあがります（第 2 部の172〜174ページを参照）。

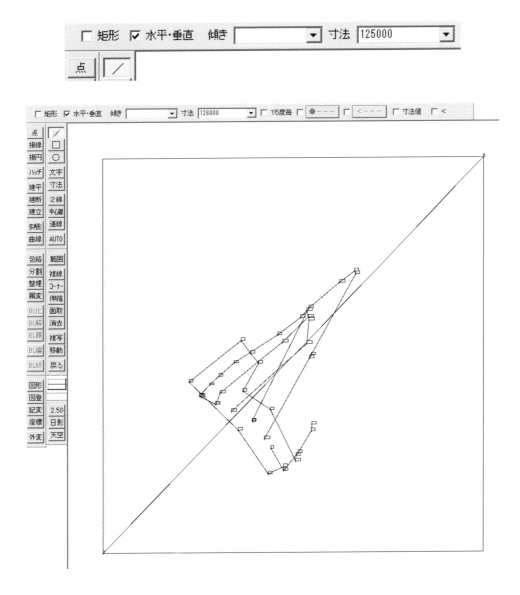

治水事務所にて入手した土砂災害特別警戒区域の座標及び地籍調査の座標を復元し、線を結び、色づけすると下記のようになります。

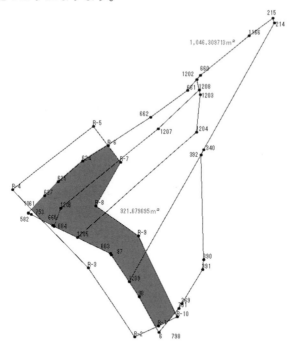

　上の図を下図として AP-CAD に読み込み、想定整形地等を描いたのが下記の図です。このようにすることで評価対象地面積（1,046.31m²）に対して土砂災害特別警戒区域の面積は321.67m²であり、割合は30.7%、減額率は10%になります。

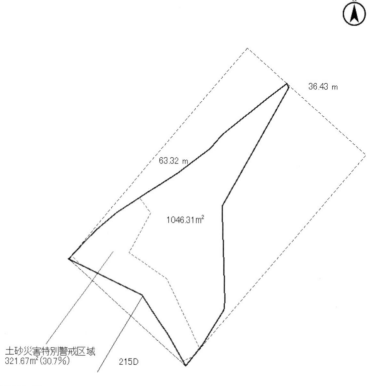

1 ケーススタディ

　下記は地籍調査を行っている地域で、かつ土砂災害特別警戒区域の図面が入手できたケースです。座標を復元すると下記のようになります。色付けされている部分が土砂災害特別警戒区域の範囲になります。

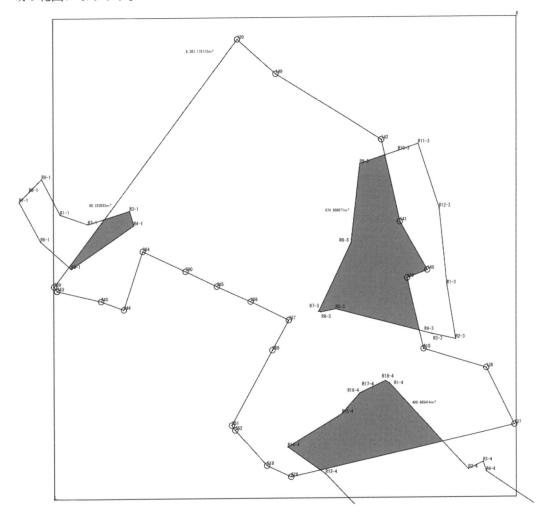

　南西側が道路で路線価は130D です。評価額は宅地としてはおよそ383,000,000円になります。そして、造成費について、まず斜度は243ページの図に記載されている等高線から、一番高い位置で50.8m、一番低い位置で17m と考えられることから、奥行を考慮すると、斜度は「20度超、25度以下」となり、令和4年の神奈川県では造成費は55,800円／m²となります。これを控除すると山林の単価は約6,000円、総額では約37,000,000円となります。

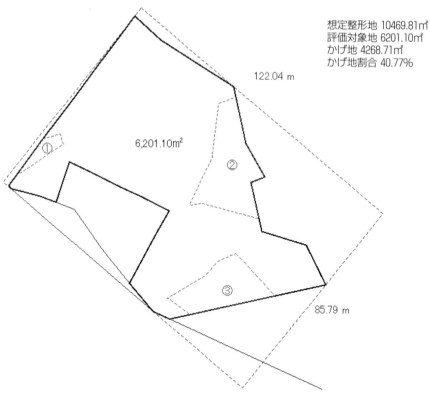

想定整形地 10469.81㎡
評価対象地 6201.10㎡
かげ地 4268.71㎡
かげ地割合 40.77%

122.04 m

6,201.10m²

①

②

③

85.79 m

間口距離
実際に接している長さ
1.45m＋12.15m＋6.51m＋1.57m
＝12.53m＋7.11m

想定整形地の間口：122.04m
上記より、41.32m

土砂災害特別警戒区坂面積
① 80.22m²
② 674.68m²
③ 480.45m²
合計 1,235.35m²（19.92%）

奥行距離
計算上の奥行
10469.81m²÷41.32m＝253.38m
想定整形地の奥行：85.79m
上記より、85.79m

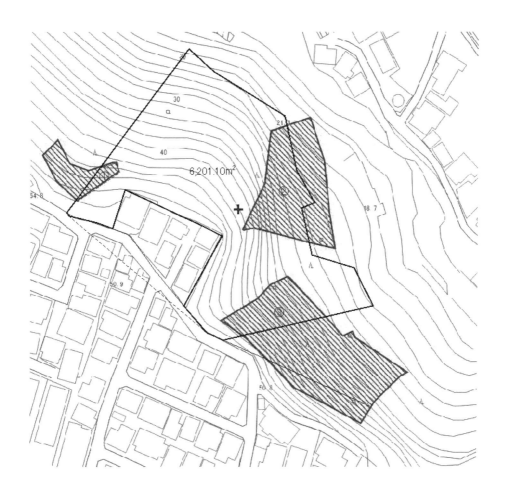

令和4年神奈川県の宅地造成費

傾斜度		金額
3度超	5度以下	19,400円/m²
5度超	10度以下	23,500円/m²
10度超	15度以下	35,800円/m²
15度超	20度以下	50,500円/m²
20度超	25度以下	55,800円/m²
25度超	30度以下	60,100円/m²

2 時価がどの程度になるかを考える

1 鑑定評価における開発法による検証

　上記の例について、財産評価で相当下がった金額となりましたが、その金額が果たして時価として正しい金額であるか否かは、もう一歩踏み込んで考える必要があります。鑑定評価における開発法を適用し、どのような金額になるか検証します。

○開発計画の概要
  （イ）開発面積　　　6,201.10m²
  （ロ）有効宅地面積　2,790.50m²（有効宅地化率：45.0%）
  （ハ）設備　　　　　開発道路
  （ニ）画地　　　　　１区画平均　約112m²
  （ホ）分譲戸数　　　25戸

① 販売総額の査定

販売総額を432,500,000円と査定した。

② 開発スケジュール

月数	準備期間	造成期間	配分	販売期間 販売収入	配分	販売費及び 一般管理費	配分
0	（価格時点）						
1	設計期間						
2							
3							
4		造成開始	20%				
5							
6							
7						造成中間点	50%
8							
9		造成完了	80%				
10					20%		
11							
12							
13							
14							
15							
16							
17					80%		50%

③ 事業収支計画

	項　　目	金　額（円）	査定の根拠
収入	販売総額	432,500,000	
	販売単価（円／m²）	155,000	
支出	協力用地買収	0	
	造成工事費（総額）	403,070,000	
	造成単価（円／m²）	65,000	業者ヒアリング等から査定
	販売費及び一般管理費	21,600,000	販売総額の5％と査定

④ 投下資本収益率の査定

〈構成要素〉　　　　〈標準的構成率〉　　　　〈投下資本収益率〉

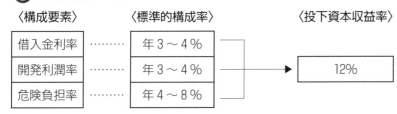

借入金利率	………	年3～4％
開発利潤率	………	年3～4％	→	12％
危険負担率	………	年4～8％

⑤ 開発法を適用して求めた素地価格（割戻方式による土地価格）

	項目	金額	配分	期間	複利現価率	複利現価
収入	販売収入	86,500,000	20%	10	0.90988	78,705,000
		346,000,000	80%	17	0.85168	294,680,000
	合計	432,500,000	100%		(A)	373,385,000
予想支出	用地取得費	0	100%	1	0.9906	0
	造成工事費	80,614,000	20%	4	0.96293	77,626,000
		322,456,000	80%	9	0.91852	296,181,000
	小計	403,070,000	100%			373,807,000
	販売費及び一般管理費	10,800,000	50%	7	0.93603	10,109,000
		10,800,000	50%	17	0.85168	9,198,000
	小計	21,600,000	100%			
	合計	424,670,000			(B)	393,114,000
	項目					
土地関係支出	仲介手数料	L×0.03				0.03L
	不動産取得税	L×0.7×0.5×0.03				0.0105L
	登録免許税	L×0.7×0.015				0.0105L
	固定資産税	L×0.7×0.5×0.014×		17	/12	0.0069L
	都市計画税	L×0.7×0.5×0.003×		17	/12	0.0015L
	合　　計				(C)	0.0594L

$$土地価格 L＝（A）－（B）－（C）$$
$$L＝－19,729,000円－0.0594L$$
$$1.0594L＝－19,729,000円 \quad 戸建開発法による価格$$
$$L＝－19,729,000円÷1.0594L＝\boxed{－18,600,000円}$$
$$－（3,000円／m²）$$

2 検討

　鑑定評価における開発法では、まず土砂災害特別警戒区域の区域が約20％存在することで、当該区域はほぼ開発用地として使用できないことから、有効宅地化率から除外します。そして、一般的に6,000m²程度であれば30％程度は開発道路になります。

　また、自治体にもよりますが、開発面積が3,000m²を超えてくると3〜6％程度は公園用地とすることが必要になります。したがって、本件ではおおよその有効宅地化率として、45％としました。

　次に標準的画地価格として、前面路線価が130,000円／m²であることから、0.8で割り戻した公示価格ベースの数値（162,500円／m²）とすべきです。しかし、対象地は土砂災害特別警戒区域に含まれている箇所の周辺は土砂災害警戒区域（イエローゾーン）に含まれていることから、エンドユーザーの心理的な減価も考慮すべきで、5％ほど減額した155,000円／m²としました。

　そして、造成費ですが、約60,000円／m²としました。財産評価における造成費より高いですが、実際はより高くなる可能性もあります。それを踏まえて開発法で評価を行った結果、相当なマイナスとなりました。したがって、この山林は土砂災害特別警戒区域の範囲を除外しても宅地への転用は困難である土地、ということになります。

　以上より、財産評価では37,000,000円まで評価額が落ちましたが、現実的には宅地への転用が難しい土地になることから、純山林評価（単価約250円／m²、総額で約150万円）をすべきと考えられます。

土砂災害特別警戒区域の土地評価の課題

　土砂災害特別警戒区域については、現在進行形で区域の指定がされています。したがって、相続発生時点で区域指定されているか否かをきちんと確認することが重要です。

　また、土砂災害特別警戒区域による減額は、固定資産税の補正率でも適用されています。

　ただし、同一の県内であっても、その減額率及び減額の異なることがあります。

　例えば、某市では一つの評価単位の中に少しでも土砂災害特別警戒区域が含まれていれば、全体で70％の評価（30％評価減）ですが、同一都道府県内の別の市では相続税と同様に10％、20％、30％の減額率があり、やはり面積の割合に応じて決まっています。

　ただし、その面積の割合は、相続税の場合とは異なっています。

〈○○市の固定資産税の土砂災害特別区域補正率〉

補正率	0.7

〈▲▲市の固定資産税の土砂災害特別区域補正率〉

区域割合	10％未満	10％以上30％未満	30％以上60％未満	10％以上30％未満
補正率	1.0	0.9	0.8	0.7

　倍率地域に存するような不動産の場合、固定資産税評価額に土砂災害特別警戒区域の補正率が織り込まれているかを、確認することが重要になると考えられます。

　また、上記の市のように「少しでも土砂災害特別警戒区域に含まれていれば減額」という市区町村について、土砂災害特別警戒区域内に入っているか微妙と判断される場合には、やはり土木事務所等で座標資料を取得した方がよいと考えられます。

　そして、地籍調査の図面や地積測量図に座標がある場合は、いかに土砂災害特別警戒区域の区域図ときちんと重ねられるかが重要になってくるかと思われます。

　現在では、制度が始まってから、それほど時間が経過していないため、土砂災害特別警戒区域については議論になることはあまり多くありません。しかし、この制度は面積割合によって減額率が変わることから、今後は「区域面積を正確に計測できるか」や、前述の例でも見たように「宅地に転用できるか（純山林に該当するか）」、「時価評価ではどのような評価額になるか」などという点が大きなポイントになってくるのではないかと筆者は考えます。

【著者略歴】

永井　宏治（ながい　こうじ）

　株式会社東京アプレイザル　取締役
　不動産鑑定士
　不動産証券化協会認定マスター
　宅地建物取引士

昭和54年千葉県出身。平成14年明治大学商学部商学科卒業。IT企業勤務等を経て平成21年株式会社東京アプレイザル入社。平成23年不動産鑑定士登録。鑑定評価業務に携わるほか、不動産鑑定士として路線価評価支援ソフト『AP–CAD』開発に参画。東京アプレイザル実務セミナー、税理士会支部研修、税理士事務所研修における講師歴の他、AP–CAD入門、基礎、応用の各講座の講師も務める。
国土交通省地価公示鑑定評価員、千葉県地価調査鑑定評価員。

● 　　　　　● 　　　　　●

株式会社　東京アプレイザル

　全国の1,200を超える会計事務所と業務提携契約を結び、累計4,500件以上の不動産鑑定評価を中心に業務を行っている。

　2018年までに累計3,500件以上の広大地判定を行い、現在は、不動産鑑定評価、広大地判定の経験に基づき、地積規模の大きな宅地の評価で見落としやすい点などを税理士に広めている。

　また、税理士、公認会計士、不動産業者など相続問題に直面する実務家を対象としたTAP実務セミナーを年間200講座以上開催している。

不動産鑑定士が教える！
相続税土地評価に生かす不動産調査とCAD作図術

2023年1月20日　発行

著　者　　永井　宏治 ©

発行者　　小泉　定裕

発行所　　株式会社 清文社

東京都文京区小石川1丁目3-25（小石川大国ビル）
〒112-0002　電話 03（4332）1375　FAX 03（4332）1376
大阪市北区天神橋2丁目北2-6（大和南森町ビル）
〒530-0041　電話 06（6135）4050　FAX 06（6135）4059
URL https://www.skattsei.co.jp/

印刷：亜細亜印刷㈱

ISBN978-4-433-72572-3